Secretos para ...

Sobrevivir la Niebla del Matrimonio

*Por qué los matrimonios
sufren, fracasan, sobreviven y prosperan*

Por el Dr. Bob Whiddon, Jr.

Publicado por

Me Third!!! Publications
P.O. Box 2871
Claremore, OK 74018

Dios Primero, Otros de Segundo, Yo de Tercero.

ISBN: 978-1-7344771-0-8

Portada cortesía de Shannon y Daniel Bifano.

Contraportada tomada por Danny Dinsmore.

Traducción al español por Diego Rojas.

Traducción al español editada por Joaquín Rojas.

Fotografía de portada tomada por Morgan/James Photography.
morganjamesphoto.com

Diseño de portada y Diseño de formato de páginas por
Nosy Rosy Designs
Lynn M. Snyder - nosyrosydesigns@gmail.com

Dedicatoria

Primeramente agradezco a Dios por este libro.
Su sabiduría está en medio de estas páginas.

Dedico este libro a mi esposa, Debbie, quien ha sido
mi compañera de vida por más de 37 años. Ella es mi esposa,
mi amor, mi compañera y mi mejor amiga.

También, dedico este libro a mis hijos:
Krista, Bobby, y Matthew
y a sus cónyuges y suegros que han traído a nuestra familia
y a los nueve nietos con los que también nos han bendecido

Extiendo un agradecimiento especial a mis amigos
quienes tomaron el tiempo para leer mi libro y editarlo.
Gracias a Debbie Whiddon, Deb Hubbell,
Bonnie Miller, Rich & Jane Kolb.

TABLA DE CONTENIDOS

6

Parte I
La Niebla

La Vista Desde La Niebla

ODIO CONDUCIR EN LA NIEBLA. Lo arruina todo. Yo soy el tipo de conductor que quiere llegar a su destino tan pronto como sea posible. Como cuando presentamos un taller para matrimonios en la costa de Oregon. Si no hay mucho tránsito, debemos llegar desde nuestro hogar en Vancouver, Washington, al hotel respectivo en una hora y 45 minutos. Nosotros salimos cuando el tránsito no retrasa mi horario planeado. El horario no está publicado en ningún lugar salvo en mi mente, lo cual provoca algunas discusiones y argumentos con mi esposa cuando ella no se apega al horario—tú sabes—el que yo soñé en mi mente pero que no le mencioné a ella. Nos encaminamos hacia el centro de la ciudad de Portland donde se supone que debemos tomar la autopista costera. Siempre está congestionado en Portland, pero usualmente escogemos una hora que lo hace menos congestionado. Salimos disparados hacia la Autopista 26, la carretera costera (la llaman la Autopista del Atardecer) a tiempo para llegar en solamente una hora y 45 minutos. Todo sale bien por alrededor de 10 millas, yendo a velocidades de autopista, hasta que topamos con la Cadena costera del Pacífico, esas montañas inconvenientes entre yo y mi destino. No es suficientemente malo lidiar con tránsito de dos carriles, velocidades más lentas, y hasta conductores más lentos que parecen siempre estar adelante de mí. La mayoría de las ocasiones nos atascamos en la niebla. Hay tanta humedad en el aire en el Pacífico Noroeste que la niebla es usualmente un problema.

En esta noche en particular, nadie iba en frente de mí, bueno por lo menos después de adelantar al último perezoso en la línea de adelantamiento de la cuesta. Pero después de pasar por la cima del monte, topamos con una densa niebla. ¡Grandioso, hasta ahí llegó el horario! Tuve que reducir la velocidad porque no podía ver a más de 100 pies de distancia. Entonces, durante la siguiente hora maniobré en medio de las tantas curvas del camino, pasando las entradas y caminos al bosque que aparecían de repente. Yo sabía que había pueblos pequeños de camino y algunas tiendas y estaciones de gasolina, pero solamente las vislumbrábamos mientras pasábamos. Aborrecía no saber a dónde me dirigía. O sea, yo sabía a dónde iba o a dónde quería ir. Pero la niebla hacía imposible ver si el camino adelante era una recto o curvo, libre de peligro o lleno de ramas que caen de los árboles, huecos, o un venado perdido. Y del todo no había belleza en este viaje. Ordinariamente, el viaje sobre la Autopista del Atardecer desde Portland a la Costa de Oregon es hermoso, por lo menos para aquellos de ustedes que conducen lo suficientemente lento para disfrutar el paisaje. Pero para mí no. Especialmente en este viaje.

Entre más yo manejaba, más me frustraba. Entre más me frustraba, más lo notaba mi esposa. Y entre más lo notaba mi esposa, más hablaba ella acerca de mi forma de conducir. Y entre más hablaba ella, más hablaba yo. ¿Por qué no puede ella solamente mantenerse callada? Yo no quiero estar todo frustrado para mi taller de matrimonios donde le digo a las parejas cómo comunicarse bien y tener un feliz...

Bueno, ustedes pueden ver que la niebla me hizo tener un comportamiento indebido hacia mi esposa. Pero no era la niebla lo que me hizo hacer algo. Esto fue lo que realmente sucedió: a causa de la niebla, a causa de que yo no podía ver claramente, a causa de que las cosas no estaban progresando tan bien como yo esperaba, y a causa de que mi esposa me hizo críticas negativas, tomé la decisión de comportarme incorrectamente. Tomé malas decisiones porque la vida a mi alrededor de repente se había vuelto borrosa.

Supongo que era bueno que nos dirigiéramos a un taller de matrimonios. Cuando recobré el sentido, me disculpé con mi esposa y resolvimos el conflicto utilizando el mismo proceso que yo enseño a las parejas en el taller. Nos dimos un beso e hicimos las pases, y tuvimos un gran viaje, en medio de la niebla, hasta el hotel.

Mi simple historia muestra claramente el problema que la mayoría de parejas experimentan en su matrimonio. Hay una "niebla matrimonial" que aparece en diferentes momentos en el matrimonio. Algunos matrimonios ven la niebla antes, algunos matrimonios la ven después. Pero para la mayoría, el tercer o cuarto año de matrimonio son los más neblinosos. Ojos sin claridad y corazones malentendidos provocan serias discusiones. Y, a causa de que la pareja no puede ver cómo salir de la niebla, ellos piensan que no hay nada que se pueda hacer. El divorcio para la única salida. Esto sucede en demasiadas ocasiones.

Existe hoy una epidemia de divorcio en los Estados Unidos. Estadísticas recientes indican que la mitad de todos los primeros matrimonios terminan en divorcio. Y de esos matrimonios que terminan en divorcio, la mayoría terminan en su tercer o cuarto año de matrimonio. Ellos atraviesan la niebla y no saben qué hacer, excepto divorciarse. El divorcio, para muchos, parece ser la mejor solución para la niebla matrimonial.

Existe otra estadística. Es bien sabido que para esas parejas que viven juntos antes de casarse, existe una probabilidad mayor de divorcio. Su tasa de divorcio es mayor que la del 50 por ciento de las parejas que no viven juntos antes del matrimonio. Y esto es lo intersante—de esas parejas que viven juntos antes del matrimonio—la mayoría se casará en el tercer o cuarto año de estar viviendo juntos. Ellos, al igual que las parejas en su primer matrimonio, ingresan a la niebla y no saben qué hacer. Pero para ellos, el divorcio no es una opción porque no están casados. Entonces ellos hacen el opuesto. Matrimonio parece ser la mejor solución para la unión-libre. Estas parejas creen que el matrimonio va a llevarlos al siguiente nivel, lo que sea que eso signifique. El certificado del matrimonio recargará su relación viciada. La boda va a arreglar lo que está dañado. Entonces, ya en la niebla, ellos se casan y se mantienen en la niebla. Casi nada cambia. Y, con menos paciencia el uno para con el otro, en comparación con aquellos matrimonios que no han vivido juntos antes de la boda, ellos creen que el divorcio es ahora la mejor solución para el matrimonio neblinoso. Después de todo, ellos intentaron vivir juntos sin el matrimonio. Luego, intentaron el matrimonio para arreglar su relación neblinosa. Entonces, cuando la niebla no se quitó, el divorcio era la única salida.

Steve y Janice vinieron un día a consejería. Les dije lo que le digo a todas las parejas: "Comiencen por donde gusten y díganme por qué están aquí". Comenzaron a relatarme una historia de amor, amor verdadero que tenían el uno por el otro. Ellos querían casarse pero querían que yo les ayudara a entender si esta era la decisión correcta. Habían estado casados antes, uno al otro, y hace solamente seis meses atrás habían tenido un divorcio rápido utilizando consejería en línea y formulario apropiado. Él se fue de la casa, ella continuó con su vida. Pero solamente un mes después de que su divorcio por correspondencia se había completado, ellos se dieron cuenta que habían cometido un error. Ambos estaban profundamente enamorados uno del otro. Ella hasta intentó salir con otro hombre después del divorcio. Todo en lo que ella podía pensar era el hombre al cual ella sacó de su casa, fuera de su vida. Pero él tomaba. A él no le importaba lo que esto ocasionara a la familia… por lo menos hasta cuando tuvo que dejar su hogar. Él ingresó a rehabilitación, un programa de 12 pasos, y a una iglesia. Él cambió drásticamente. Se convirtió en el hombre que su esposa había querido todo el tiempo. Entonces ahora, solamente seis meses después de haberse divorciado, ellos me preguntaban si era muy temprano para volverse a casar.

Yo comencé a hacerle preguntas a mi "consejero". Saben, solamente para obtener una mejor idea de lo que realmente estaba pasando con ellos. Les pregunté, "¿Cuánto tiempo estuvieron casados?"

"Cuatro años," dijo ella. "Yo ya no podía soportar todos los problemas".

Mmm, cuatro años. Averigüé que ella había estado casada anteriormente dos veces. "Cuénteme acerca de su matrimonio anterior", le pedí.

Ella comenzó, "Bueno, yo estaba embarazada, entonces no comenzó como yo quería, pero fuimos felices, por un tiempo. Llené los papeles del divorcio una vez porque él no dejaba de mentirme y usar drogas y tomar. Eso pareció haberlo enderezado por un tiempo".

La interrumpí, "¿Cuánto tiempo estuvieron casados antes de solicitar el divorcio?"

Ella lo pensó por un momento y dijo, "Creo que estuvimos casados por tres o, mm, tal vez cuatro años".

Mmm, ¿cuatro años?

Ella continuó describiendo cómo él cambió cuando todos sus problemas llegaron a un punto crítico. Y las cosas se pusieron mejor por un tiempo. "Después de cierto tiempo, él volvió a sus costumbres", continuó ella. "Entonces finalmente nos divorciamos después de unos 8 años".

Hice cálculos rápidamente. Su matrimonio casi terminó después de cuatro años, pero un ultimátum provocó que su matrimonio durara otros cuatro años antes del divorcio final. Mmm, cuatro años. Luego pregunté acerca de su primer matrimonio. Comenzó con un embarazo en la adolescencia, duró como tres años y luego se divorciaron. Steve también había estado casado dos veces. Ambos de sus primeros matrimonios terminaron después de tres o cuatro años. Viviendo en la niebla del matrimonio, ellos no pudieron ver sus propios patrones disfuncionales. Cuando mencioné que todas sus relaciones habían durado tres o cuatro años, Janice jadeó. Ella nunca había notado este patrón.

Otra pareja, Bill y Mary, vinieron a consejería. Ellos dijeron que necesitaban ayuda para comunicarse.

"No podemos hablarnos", dijo Mary. "Él se apaga cuando hablamos. Dice que lo critico todo el tiempo. Solamente quiero que él vea el panorama completo. Pero deja de hablarme durante días, ¡A veces durante semanas!"

Yo estaba escuchando la descripción de un matrimonio normal. Este tipo de cosas suceden a la mayoría de parejas en algún grado. Entonces, comencé a hacer más preguntas para sondear y obtener un mejor panorama. Habían estado casados por 11 años. "¿Siempre estuvieron las cosas así de mal?", pregunté.

"No, comenzamos muy enamorados y la pasábamos muy bien", intervino Bill.

"Entonces", pregunté, "¿Cuándo notaron que las cosas comenzaron a cambiar?"

Ambos se miraron. "Como en el tercer o cuarto año, me imagino", respondió Mary.

Bill asintió con la cabeza que estaba de acuerdo.

Ahí estaba de nuevo, tres o cuatro años. Ellos habían ingresado a la niebla del matrimonio, esa niebla del tercer o cuarto año. Pero en lugar del divorcio, ellos decidieron vivir infelices para siempre, al menos hasta que decidieron venir a pedirme ayuda.

La niebla de los tres años en el matrimonio es un patrón en todos los matrimonios. Y ya que es un niebla, donde las parejas no pueden ver suficientemente claro para ver qué es lo que realmente está sucediendo, ellos intentan cosas que no son productivas. La niebla alcanza a la mayoría de los matrimonios.

Tengo muchas historias de niebla. Una pareja joven que conozco se casó apenas terminaron secundaria y se mudaron a otro estado para comenzar su nueva vida juntos. La vi a ella el otro día, pero no a él. Ya no están casados, después de tres años.

Otra pareja que conozco eran ambos profesionales, ella trabajando en una universidad, él administrando una tienda. Parecían tener buenas cabezas sobre sus hombros. Ambos estaban en sus veintes cuando se casaron, lo cual estadísticamente le da al matrimonio mayores posibilidades de ser exitoso. Pero después de tres años, decidieron dejarse.

Mientras escribo este capítulo, un muchacho me llama para programar una cita para consejería. Parece que él ha estado viviendo con su novia por un tiempo. Ellos tienen un bebé de 15 meses.

"Mi ex me sacó de la casa el otro día", me explicó.

No me sorprendió que él la llamara su "ex" aunque no era un matrimonio formal. Para las parejas que conviven, la relación de vivir juntos es tan real a como la mayoría de nosotros la experimentamos en el matrimonio. Pero luego comencé a aplicar la matemática. Veamos, un hijo de 15 meses mas nueve meses para formar el niño, esta pareja tenía por lo menos dos años de estar juntos. Lo que significa que esta pareja puede estar en su tercer o cuarto año juntos. Programamos una cita para el día siguiente, pero antes de colgar el teléfono pregunté, "¿Cuánto tiempo llevan usted y su novia viviendo juntos?"

"Oh, como tres años y medio".

Mmmmmmm.

Todos tenemos amigos y familiares quienes se han divorciado. Analicen cuánto tiempo duraron sus matrimonios. Ustedes se pondrán tristes cuando se den cuenta que muchos de esos otros matrimonios terminaron después de tres o cuatro años. Y, ¿qué tal el propio matrimonio de ustedes? Intenten recordar cómo era en el tercer o cuarto año. La mayoría de ustedes, los que están leyendo este libro van a tener que admitir que ustedes lo pueden ver. La niebla estuvo ahí. Ambos cambiaron a causa de eso. Muchos de ustedes todavía tienen problemas en su matrimonio a causa de lo que sucedió durante la niebla.

Yo puedo recordar mi propio matrimonio. El tercer y cuarto fueron definitivamente años malos. Hubo otros factores que no ayudaron mucho. Yo me acababa de graduar de la universidad con un título bachiller y me encaminaba a mi primer ministerio. Nos mudamos de Lubbock, Texas, un pueblo de unos 100,000 habitantes en ese entonces, a Los Angeles, California, un pueblo un poquito más grande de 8,000,000. Vivíamos en El Valle, el Valle de San Fernando, en el área llamada Van Nuys. La temperatura era de 107 grados Fahrenheit (41.6 Celcius) ese día de agosto que conducimos a nuestro nuevo hogar. Había incendios en los montes en tres lados del valle. Ceniza cayó sobre nuestro hogar y sobre el vehículo como si fuera nieve. El humo era indignante. Y ahí estábamos, listos para ministrar. Yo derramé mi corazón en el ministerio, al punto de abandonar a mi esposa. Ella vertió su corazón al cuidado de los niños y el orfanato. Su mayor necesidad era y es todavía la interacción social y la amistad, ambas cosas las cuales yo le había negado. Entonces ella fue por su lado (emocionalmente) y yo fui por el mío. Fue un patrón que se convertiría en la norma para los próximos seis o siete años de nuestro matrimonio. Pero no sabíamos lo que habíamos hecho mal. La niebla del matrimonio había llegado. En lugar de corregir nuestros problemas, nos pusimos en modo de supervivencia. Ignoramos las necesidades verdaderas de cada uno. Ahora, no me mal-entiendan, nos llevábamos bien en la mayor parte. Todavía disfrutábamos la intimidad. Ella todavía era una gran parte de mi ministerio, un soporte para lo que yo sentía que yo debía hacer. Pero no era el matrimonio de Cenicienta que yo pensé iba a tener. Cuando nuestros hijos llegaron yo sentí que éramos buenos padres. Pero algo hacía falta. Algo grande.

Yo recuerdo asistir a clases de matrimonio, hasta enseñar algunas clases yo mismo. Recuerdo escuchar a parejas decir, "Él/ella es mi mejor amigo/amiga". Ellos hablaban de compartir sus vidas, en formas de amor y felicidad. Yo no tenía eso. Hasta me pregunté si yo podría decirle a mi esposa que ella era mi mejor amiga. No podía.

Después de haber estado casados como 14 años, sentimos el llamado de abrir nuestro hogar a un joven de 16 años cuyos padres no lo podían seguir teniendo en su hogar. Era una situación intensa. Él estuvo en nuestro hogar tres años. Una vez tuvimos que llamar a la policía porque encontramos equipo de una banda que valía varios miles de dólares, el cual él había robado de una secundaria de la localidad. El estrés de lidiar con este chico llevo a nuestro matrimonio hasta el punto de una ruptura. Finalmente, él se fue por su propia cuenta. Pero nuestro matrimonio estaba sufriendo. Todos esos problemas matrimoniales se podrían remontar a las malas decisiones que tomamos cuando la niebla llegó.

Mientras tanto, yo había ingresado a un programa de doctorado en consejería pastoral. Como ministro, encontraba mucha gente quienes creían que yo tenía las respuestas para los problemas de sus vidas. Fue una buena decisión obtener ese título. Escogí que mi enfoque fuera los problemas matrimoniales. Y, al dar consejería a parejas cuyos matrimonios se estaban destruyendo, noté que todos estos tenían los mismos problemas. Los detalles eran diferentes en los matrimonios, pero los problemas eran los mismos. Todas las parejas llegaron al punto donde no pudieron sostener una conversación regular. Habían llegado al punto donde no podían resolver cualquier problema sin importar lo pequeño que pareciera. Habían llegado al punto de despreciarse, incluso hasta el punto del odio. Pero también descubrí que la mayoría de matrimonios comenzaron a arruinarse en el tercer y cuarto año. Y, ya que yo conocía lo que había salido mal durante esa etapa, pude ofrecer herramientas para ayudar a las parejas a comunicarse y resolver conflictos. Por esa razón escribo este libro. Conozco el secreto. Conozco cuando la mayoría de matrimonios comienzan a tener problemas. Conozco por qué el problema llega. Y conozco cómo reparar el matrimonio. Continúe leyendo y usted conocerá el secreto también.

Bueno, regresemos a mi matrimonio. Aún con un doctorado y con la habilidad para ayudar a otras parejas a recuperar el amor que tenían al comienzo de su matrimonio, regresaba a mi casa para continuar con un matrimonio mediocre. Entonces una noche tuve una manifestación. Bueno, fue una comprensión de lo estúpido que yo era. Nunca puse en práctica lo que le decía a otras parejas que hicieran. Yo tenía una esposa hermosa. Me había aguantado por muchos años. No me dejó cuando debía. No me trataba como una basura aunque yo no la trataba con el amor que ella merecía. Yo la amaba, pero no me gustaba mucho. Todos nuestros problemas, en ese momento, podrían llevarnos de nuevo a la niebla que invadió nuestro joven matrimonio, en el tercer año, cuando nos adaptamos en lugar de atacar los problemas.

Recuerdo claramente la noche que decidí poner en práctica las cosas que exigía que mis clientes hicieran. Yo sabía que si ellos hacían estas cosas ellos se enamorarían de nuevo. Entonces comencé. Todos los días hice lo que un buen esposo debía hacer aunque su esposa no fuera recíproca. Recuerdo que tomó todo un año completo, doce meses. Pero yo me desperté un día y me di cuenta que tenía a la esposa más maravillosa que pude haber soñado tener. Nuestra intimidad había crecido. Nuestra vida sexual era increíble. Nuestra perspectiva era fantástica. Nos habíamos enamorado de nuevo. Y, yo finalmente podía decir sin duda, ella era mi mejor amiga. Ella ES mi mejor amiga.

La niebla del matrimonio nos había alcanzado también. Como no entendíamos lo que sucedía, hicimos un cortocircuito en nuestro matrimonio. Nos adaptamos a los problemas en lugar de solucionarlos.

Hoy, podemos ver con claridad. Entendemos la niebla del matrimonio. Sabemos cómo es y cómo daña los matrimonios. Y también sabemos cómo ayudar a la gente a salir de la niebla. Mi esposa y yo invertimos más de 25 semanas cada año enseñando a parejas cómo tener un matrimonio más saludable y más feliz. Enseñamos talleres intensivos en retiros de un día. Enseñamos en talleres de fin de semana en iglesias locales. Y enseñamos clases una vez a la semana durante periodos de ocho a diez semanas. Y lo que más hacemos es abrir los ojos de las personas a lo que les está sucediendo. Una vez que sus ojos se abren, las soluciones a los problemas matrimoniales son simples.

El tercer o cuarto año no es la única vez que la niebla llega al matrimonio. Solían decir que las parejas pasan por un "comezón de siete años" o un lapso de recesión natural en el ánimo del matrimonio. Popularizado por la película de Marilyn Monroe con el mismo título, los Estadounidenses en los 1950s y 1960s se prepararon para ese sétimo año cuando las cosas se pueden comenzar a poner difíciles. Pero ese comezón de siete años era solamente una extensión de la niebla del tercer o cuarto año. En aquellos tiempos, la norma de la sociedad y las presiones religiosas hacían que los matrimonios se mantuvieran juntos por más tiempo. Aunque el amor se haya desteñido, el compromiso de mantener el matrimonio junto era importante, aunque fuera con o sin amor.

En Noviembre del 2007, un estudio publicó que "El comezón de siete años ahora es de cinco." El artículo sugirió que el compromiso conyugal se desvaneció desde la década de 1950 hasta el presente debido al amor que en Estados Unidos se le tiene a la gratificación instantánea. Ya no sentían la necesidad de mantener un matrimonio en cual no había amor, y optaban más por aventuras nuevas y emocionantes. El comezón de siete años, bueno el comezón de cinco años, es realmente la misma niebla temprana que llega a la mayoría de los matrimonios.

Existe otra niebla que golpea a los matrimonios alrededor de los veinte años. De hecho, este es el grupo de divorcios que crece con mayor rapidez en los Estados Unidos en la actualidad. Puede ser explicado por el *síndrome del nido vacío* que afecta a estos matrimonios. Los hijos crecen y dejan el hogar. El esposo y la esposa, a causa de haber dedicado todo su tiempo y sus energías en los hijos descuidaron el matrimonio, y descubrieron que no tienen nada en común. Ellos no tienen habilidades para comunicarse. Y tal vez no tengan el deseo de reavivar lo que había muerto hace mucho. Entonces, a causa de no saber qué hacer, la niebla los consume y los destruye. Aunque las parejas en esta categoría no se divorcien, muchos cojean infelizmente por el resto de sus vidas.

La niebla del matrimonio es real. Las estadísticas que describen los problemas en el tercer y cuarto año del matrimonio son reales. Los problemas que enfrentan los de nidos vacíos son reales. En el siguiente capítulo vamos a explicar por qué llega la niebla y cómo afecta. En los siguientes capítulos vamos a contarles todo acerca de la niebla, les enseñaremos cómo arreglar el daño que trae la niebla, y cómo tener un matrimonio feliz y saludable por el resto de sus vidas.

Mi esposa y yo hemos estado casados por 33 años. La estamos pasando bien. Y cada año se pone mejor y mejor. ¡Creemos que todos los problemas del matrimonio pueden ser resueltos y todos los matrimonios se pueden salvar! Somos la prueba viviente.

Cómo se Forma la Niebla

LA NIEBLA USUALMENTE LLEGA. Pero la mayoría del tiempo no tenemos el lujo de verla llegar. Recuerdo aquél juego de fútbol americano, el que llamaron el Tazón de la Niebla, jugado el 31 de Diciembre del 1988. Era un juego de eliminatoria entre las Águilas de Philadelphia y los Osos de Chicago. Todo Estados Unidos estaba mirando. Las cámaras capturaron las nubes enrollándose hacia el estadio. Luego, durante el segundo cuarto de este juego televisado a nivel nacional, la niebla cubrió todo el estadio. Aquellos que estábamos viendo la televisión no podíamos ver todo el campo. Y cuando se lanzaba un pase, nunca veíamos el balón. Era increíble que el juego continuara. Los Osos ganaron 20-12.

Los meteorólogos pueden predecir la niebla. Usualmente llega. Pero en esta parte del mundo, no la vemos llegar. Usualmente nos despertamos en una metrópolis consumida por la niebla. Luego, luchamos para adaptarnos, sea que tengamos que caminar a la estación de autobús o a la escuela, o que naveguemos por las autopistas hacia nuestros trabajos. En este caso, la niebla está ahí. Para la mayoría, no sabemos realmente cómo llegó ahí o cuándo va a desaparecer. Solamente nos adaptamos e intentamos sobrevivir el día de la triste niebla.

La niebla del matrimonio también llega. Aquellos que hemos estudiado el fenómeno conocemos dónde es que se origina y cómo llega lentamente a todos los matrimonios. Pero para la mayoría de parejas, se despiertan una mañana y ¡FUA! ya están en medio de la niebla. Entonces se adaptan, aceptan la noción falsa de que no pueden hacer nada al respecto, y cojean hasta que, algún día, la niebla se vaya. Pero la niebla no se va. O por lo menos, así se siente.

Bueno, suficiente conversación acerca del clima y esas cosas. Hablemos acerca del matrimonio. Continúen leyendo y averiguarán cuándo llega la niebla, por qué llega, Y cómo despejarla después de que consume sus matrimonios. ¿Listos?

Descubriendo el Amor *Puro*

Nuestros cerebros fueron diseñados para segregar químicos que producirían un elevación natural cuando "caemos enamorados". Realmente no caemos. Experimentamos un sonido que puede durar de 18 meses a tres años. Pero la euforia del amor no es la mejor parte. Es lo que el sentimiento de amor nos lleva a hacer. Nos lleva a querer "hacer cosas el uno por el otro". Entonces, de repente ya no están "enamorados" sino que están "practicando" el amor puro.

Existe una ciencia completa dedicada a la "química del amor". Innumerables artículos y libros se han escrito acerca de este fenómeno natural que acompaña el "enamoramiento". Observen esta lista de los químicos que estimulan las neuronas del cerebro y las células del cuerpo. (The Chemistry of Love. HowStuffWorks, Inc. http://people.howstuffworks.com/love.htm)

- Dopamina ... provoca la fantasía sexual.
- Epinefrina Y Norepinefrina ... hace que el corazón lata más rápido, nos emociona.
- Serotonina ... lucha contra la depresión. Tener sexo produce un aumento en serotonina la cual da a la persona el sentimiento de placer y felicidad.
- Feniletilamina (FEA) ... asociada con el sentimiento de bienestar y romance.
- Estrógeno ... provoca y mantiene el deseo sexual saludable para ambos sexos.
- Testosterona ... responsable de los sentimientos de deseo.
- Oxido Nítrico ... aumenta el fluido sanguíneo y la dilatación del vaso, lo cual ayuda a la excitación y el coito.
- Feromonas ... sustancias naturales producidas por el cuerpo y emitidas por los poros de sudor, causando la subconsciente atracción y el deseo sexual.
- Melanocito Polipéptido Alfa ... asociada con las erecciones masculinas y el interés masculino en sexo.
- Oxitocina ... clave para la conexión humana y el amor, también provoca las contracciones pélvicas femeninas durante el orgasmo.

- Polipéptido Vasoactivo Intestinal (VIP) … esencialmente los mismos efectos que el óxido nítrico.

Algunos dicen que es la Feniletilamina (FEA) la que puede durar hasta tres años en el cerebro. También se encuentra en el chocolate. Por esa razón conectamos el chocolate con el romance y el deseo.

La mayoría de estos químicos han sido fabricados y pueden ser comprados mediante prescripción médica. Pero ninguno de los químicos que se fabrican pueden hacer lo que los químicos segregados naturalmente logran: hacer que te sientas tan bien acerca de otra persona que quieres "hacer cosas el uno por el otro".

El amor puro es maravilloso y emocionante. El primer o segundo año de cualquier relación está repleto de amor puro. Las parejas, aún las adolescentes, piensan constantemente acerca de lo que pueden hacer el uno por el otro. Es un gran estilo de vida … mientras dura. ¿Recuerdan la niebla?

Aquí Está Lo Que *Realmente* Sucede

Vayamos al grano. Aquí está lo que en realidad sucede. PASO UNO: USTEDES CAEN (enamorados). PASO DOS: HACEN (actos de servicio el uno para el otro). Recuerden lo que el "amor elevado" les produce hacer. Logró que el "hacer cosas el uno por el otro" fuera divertido y agradable. Sin darse cuenta se convirtieron en servidores, cuidando de las necesidades del otro con increíble consistencia y energía. Luego, PASO TRES: DISFRUTAN (los buenos sentimientos después que sirven). Estos son los tres pasos en las relaciones que incluyen amor verdadero. Pero manténganlos separados. Amor verdadero es "hacer cosas" mientras los otros dos pasos solamente son sentimientos.

Pero entre los 18 meses y tres años posteriores al "amor elevado" los químicos comienzan a desvanecerse. Ahora que los químicos se desgastan, no es tan agradable hacer cosas el uno por el otro. Nos despertamos una mañana y comenzamos a pensar, "Sabes, estoy entregando muchísimo más a esta relación de lo que estoy recibiendo"...

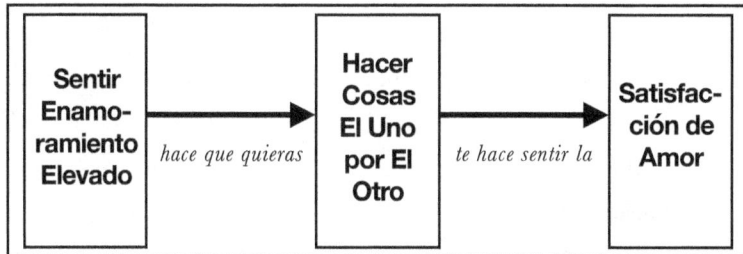

Sentir Enamoramiento Elevado	*hace que quieras*	Hacer Cosas El Uno por El Otro	*te hace sentir la*	Satisfacción de Amor

En este momento comienzo a apartarme de todo lo que es ser un servidor. Mi esposa se despierta una mañana y nota mi poco interés, y comienza a pensar, "Sabes, estoy entregando muchísimo más a esta relación de lo que estoy recibiendo"... Entonces ella comienza a apartarse. Ahora tenemos una brecha en nuestro matrimonio. Y todos los días que poseemos la actitud de "recibir" en lugar de "dar", esa brecha se amplía. Servir ya no se disfruta, entonces renunciamos a servir o "hacer cosas el uno por el otro".

La mayoría de nosotros nunca supimos que inicialmente estábamos experimentando un punto elevado de amor. No solamente nos dio la buena sensación de amor, sino que también nos hizo sentir aún mejor cuando servíamos. Ahí es cuando el amor verdadero ocurre. Supongo que ese fue el primer poquito de niebla—el no saber—pero no nos importó porque estábamos tan enamorados. Y el amor funcionaba. Funcionaba bien.

Bueno… ahora otro montón de niebla llega a nuestro matrimonio. De nuevo, es porque no sabemos lo que sucede. Sabemos que después de un tiempo, después de dos o tres años, el amor no se siente tan bien como solía. Creemos que la persona casada no es tan amorosa como solía ser. Pero no sabemos por qué.

Escenarios imaginarios comienzan a invadir nuestras mentes. "Ella dejó de amarme". "Ya no le importo más a él". "Ella está destruyendo nuestro matrimonio". "Si él hiciera lo que se supone que debería nuestro matrimonio sería mejor". "Si ella no va a hacer eso, entonces yo no voy a hacer aquello". Las acusaciones siguen y siguen. Algunas son verbales, la mayoría son imaginarias. El hecho crucial que no ha llegado a la mente es que no existe una comunicación saludable en absoluto. Sin comunicación no hay intimidad (cercanía). Sin intimidad no hay deseo de hacer que las cosas funcionen. Sin deseo de que las cosas funcionen, no queda nada. Entonces las parejas hacen la única cosa que creen que saben hacer—terminar su matrimonio. Después de todo, él es el que no va a cambiar. Ella es la que no va a cambiar. La niebla consume y destruye otro matrimonio.

Aquí Está Lo Que *Realmente, Realmente* Sucede

¿Están listos para comprenderlo? Recuerden lo que estoy a punto de decirles. Escríbanlo. Memorícenlo. Ya que este mismo problema va a ocurrir de nuevo. Aquí está lo que realmente, realmente sucedió:

¡Cuando el punto alto químico se desgastó, TÚ cambiaste de desinteresado a egoísta, de servidor a avaro!

Todo el tiempo que estuviste haciendo cosas para la persona que amabas, el "haciendo" era lo que te hacía sentir bien. Hacer cosas buenas por otros siempre te hace sentir bien. Los químicos solamente te hacían QUERER hacerlo más.

Entonces ahora te comienzas a alejar de tu compañera para concentrarte en ti mismo, en lo que no estás obteniendo, en lo que piensas que mereces. Cualquier momento que no te enfocas en ti mismo vas a ser miserable. Piénsalo. No importa lo que haga la otra persona, no será lo suficientemente bueno, no se hará en el momento exacto, y no se hará lo suficiente como para complacerte. Enfocarte en ti siempre será frustrante. Pero enfocarse en alguien más siempre será fisicamente, emocionalmente, mentalmente y espiritualmente satisfactorio.

La Palabra de Dios nos dijo hace mucho tiempo que nos frustraríamos si nos enfocábamos en nosotros mismos. "¿De dónde vienen las guerras y los pleitos entre vosotros? ¿No es de vuestras pasiones, las cuales combaten en vuestros miembros? ... Codiciáis, y no tenéis; matáis y ardéis de envidia, y no podéis alcanzar; combatís y lucháis" *(Santiago 4:1-2)*. Cada vez que decidamos pensar más en nosotros que en otros, habrá una tendencia natural a pelear. Lo que nosotros realmente estamos haciendo es tratando de empujar al otro hacia abajo para sentirnos bien. No es una buena forma de manejar la vida o el matrimonio.

La Solución Simple

Supongo que, si lo desean, pueden tirar el libro a la basura después de leer esta pequeña sección. Estoy a punto de decirles todo lo que necesitan saber para arreglar cualquier problema en su matrimonio. Bueno, no TIREN el libro a la basura. Dénselo a alguien más para que lo lea.

Recuerden el Dr. Bob Verdades #1— El sentimiento de "amor elevado" les hizo querer servir, pero fue el hecho de servir que les causó la experiencia del amor verdadero. Ahora, con el desgaste de esos químicos naturales del cerebro, el sentimiento de "amor elevado"

> **Dr. Bob Verdades #1:**
>
> La definición de "amor verdadero" es "¡HACER COSAS EL UNO POR EL OTRO!"

ya no está ahí para motivarles a servir. De ahora en adelante, ustedes deben decidir servir. De todas formas, el "elevado" no era amor verdadero. EL AMOR VERDADERO es el resultado de servir. Entonces, ¿no les apetece mucho servir? ¡Difícil! Pónganse a trabajar. Pero, cuando ustedes sirven, la satisfacción del AMOR VERDADERO los va a abrumar. Esta es la solución. Esto no es nada del otro mundo. Esto es el matrimonio. Debería ser simple para dos personas amorosas amarse mutuamente. ¡Pónganse a trabajar! Comiencen a servir de nuevo.

El Proyecto de Autoestima de California

Hay dos estudios importantes que han demostrado una conexión positiva entre comportamiento y sentimientos, siempre y cuando se realice en el orden correcto. Muchos solían creer que uno no puede hacer cosas buenas si no se siente bien. Entonces, detengámonos y esperemos hasta que nos sintamos bien. Esto ha sido desaprobado—en gran manera.

El primer estudio fue el infame Proyecto de Autoestima de California. En 1986, un grupo de legisladores de California se convencieron que la baja autoestima era la causa de una infinidad de problemas de comportamiento en las escuelas, incluyendo el pobre desempeño académico. El grupo designó $750,000 para ayudar a los educadores a levantar el autoestima de los estudiantes con la esperanza de que esto incrementara el desempeño académico, así como disminuir la tasa de mal comportamiento juvenil. La prueba fue un fracaso total.

La premisa del estudio suponía que trabajar en el autoestima mejoraría el comportamiento. Trabajaron en los sentimientos con la esperanza de que esto automáticamente incrementaría la responsabilidad. La Fuerza Especial de California para Promover Autoestima y Responsabilidad Personal y Social publicó sus conclusiones en un libro llamado *La Importancia Social del Autoestima*. Un artículo del *USA Today* describió los resultados de esta manera:

LOS EDITORES PODRÍAN HABERLO TITULADO LA POCA IMPORTANCIA SOCIAL DE LA AUTOESTIMA PORQUE PRÁCTICAMENTE NO ENCONTRARON CONEXIÓN ENTRE LA AUTOESTIMA Y CUALQUIERA DE LAS CONDUCTAS QUE SE ESTUDIARON. COMO NOTÓ NIEL SMELSER EN LA INTRODUCCIÓN, "UNO DE LOS ASPECTOS DIFÍCILES DE CUALQUIER CAPÍTULO EN ESTE VOLUMEN... ES CÓMO LAS BAJAS ASOCIACIONES ENTRE LA AUTOESTIMA Y SUS CONSECUENCIAS TODAVÍA ESTÁN EN INVESTIGACIÓN HASTA LA FECHA". DURANTE AÑOS, OTROS CRÍTICOS HAN ESCRITO ARTÍCULOS SIMILARES DE LA INVESTIGACIÓN DISPONIBLE, RESALTANDO QUE LOS RESULTADOS NO IMPRESIONAN O SE CARACTERIZAN POR INCONSISTENCIAS Y CONTRADICCIONES MASIVAS. LA FUERZA ESPECIAL DE CALIFORNIA NO FUE UN GRUPO DE ACADÉMICOS DESINTERESADOS. ELLOS QUERÍAN ENCONTRAR UN ENLACE. NO OBSTANTE, CUANDO SU INVESTIGACIÓN FRACASÓ EN PRESENTAR UN ENLACE, TUVIERON LA HONESTIDAD DE ADMITIRLO.

(USA TODAY, ENERO, 1998, POR NINA H. SHOKRAII)

Esta ha sido siempre la forma como el comportamiento y los sentimientos han funcionado. Buen comportamiento debe ocurrir porque es lo correcto. Pero cuando se logra, los buenos sentimientos le siguen naturalmente. El comportamiento debe ocurrir antes que los sentimientos. Por muchísimos años la gente pensó que era a la inversa, que una persona tenía que sentirse bien para hacer cosas buenas. Bueno, eso no funcionó. Estamos finalmente llegando al entendimiento de que el buen comportamiento da lugar a los buenos sentimientos. ¡Ustedes deben decidir servir!

Esta misma solución es lo que Dios le dio a Caín en una de las primeras historias de la Biblia. Dios pidió a Caín y a su hermano, Abel, que le ofrecieran un sacrificio de sangre. Abel hizo lo que se le pidió. Pero Caín ofreció un sacrificio "del fruto de la tierra".

Dios no aceptó la desobediencia de Caín. Caín se fue— deprimido. Entonces, Dios fue a Caín y le preguntó, "¿Por qué te has ensañado, y por qué ha decaído tu semblante?" (Génesis 4:6)

La palabra "semblante" en ese versículo está relacionada con la actitud. ¡Caín estaba deprimido!

Pero Dios no le dio tiempo a Caín de responder Su pregunta. En lugar de eso, Dios le dio a Caín la respuesta: "Si haces lo que es correcto, ¿no levantarás cabeza?" (versículo 7)

La receta de Dios para la melancolía, cuando uno no se siente bien consigo mismo, no era trabajar en los sentimientos. En cambio, Dios demandó que Caín HICIERA lo que es correcto. Pero la consecuencia natural del HACER era SENTIRSE BIEN. De nuevo, este siempre ha sido el caso. Se nos requiere hacer lo correcto sin importar cómo nos sentimos en el momento. Pero Dios siempre ha prometido que los buenos sentimientos van a acompañar nuestras acciones correctas.

El Efecto Madre Teresa

El segundo estudio importante que conecta sentimientos y comportamiento fue un estudio que resultó en el descubrimiento del "Efecto Madre Teresa". En la década de 1980, una enfermedad llamada SIDA invadió los Estados Unidos. El virus VIH atacó el sistema inmunológico de las víctimas, y así ya no podían luchar contra enfermedades. Aquellos viviendo con SIDA usualmente morían de algo que la mayoría de nosotros podríamos superar, como neumonía. La ciencia médica trabajó para encontrar no solamente medicina que pudiera luchar contra el virus, sino que también se esforzó en encontrar algo que pudiera aumentar o fortalecer el sistema inmune. El investigador de la Escuela de Medicina de Harvard, Dr. David McClelland, tomó a un grupo de estudiantes para que observaran videos de Madre Teresa cuidando a los enfermos y moribundos en Calcuta, India. El investigador tomó muestras de la saliva de los estudiantes antes y después de ver los videos. Él encontró que el sistema inmune aumentó en fortaleza. La frase "El Efecto Madre Teresa" se inventó. Muchas escuelas de medicina y escuelas de psicología han repetido este experimento con el mismo resultado. Otros han descubierto aún más beneficios de salud al realizar actos de bondad.

Aplicando esto al matrimonio, no parece ser algo difícil de explicar. Si ustedes se enfocan en sí mismos siempre estarán decepcionados y serán miserables. Pero si ustedes se enfocan en las necesidades de la otra persona, en la de sus cónyuges, ustedes siempre mejorarán su salud. Por esa razón las personas casadas viven más, se enferman menos, y disfrutan la vida más. La solución, entonces, para capturar de nuevo los sentimientos de amor y emoción de estar en una relación es servir.

Servicio versus Esclavitud

En estos momentos, necesitamos tener cuidado al entender la diferencia entre servicio y esclavitud. Muchísimas veces un esposo o esposa bien-intencionados van a pensar, "Bueno, creo que no hay nada que yo pueda hacer acerca de nuestros problemas entonces solamente voy a hacer lo que mi cónyuge quiere, voy a hacer mis sentimientos a un lado, y voy a dejar que haga lo que quiere". Esta es una persona que se ha puesto a sí misma en una posición de esclavitud. Ya ha renunciado al matrimonio (esto no está bien). Piensa que sus sentimientos ya no son importantes o válidos (esto no está bien). Y piensa que dejar que su cónyuge haga lo que quiera en todo es la única forma de tener un buen matrimonio (esto no está nada bien).

Ese es el problema inherente en la esclavitud. Una persona no puede escoger lo que él o ella quiere hacer. Los sentimientos no están permitidos. Es exigido trabajar. Alguien más gobierna por encima de su tiempo, energía, metas y sueños. Y si recuerdo correctamente, la esclavitud fue abolida en este país hace años. No era buena en aquel tiempo y no es buena hoy.

Entonces utilicemos otra palabra para describir una relación más saludable en el matrimonio. Yo he escogido la palabra servicio.

Aquí está mi definición:
- Yo soy el que escojo ser un servidor
- Yo soy el que escojo ignorar esas cosas pequeñas que mi cónyuge hace que solían irritarme
- Como siervo, yo soy el que escojo lo que hago, cuándo lo hago, por cuánto tiempo, y cada cuánto
- Yo soy el que hago estos actos de amabilidad sin esperar nada a cambio
- Yo soy el que hago estos actos de amabilidad sea que mi cónyuge lo merezca o no

Aquí están algunos beneficios de escoger ser un servidor:
- Mejoro mi salud (El Efecto Madre Teresa)
- Tengo menos estrés en mi vida porque no tengo que preocuparme por mí mismo
- Tengo más energía porque yo soy el que escojo cuándo servir
- Yo me involucro en las cosas que hacen a mi pareja feliz

El beneficio más grande para una vida de servicio es este: ¡Mi pareja se hace más bella cada día! ¿Qué? Eso es cierto, mi pareja se hace más bella cada día que yo escojo servirle. Y todo se debe a que cambiaste tu actitud hacia tu pareja.

Piensen en un matrimonio de Hollywood. Un espécimen apuesto macho se casa con la modelo número 1 de ropa interior de los Estados Unidos. Parece que está destinado para convertirse en uno de los

> **Dr. Bob Verdades #2:**
> La definición de "amor verdadero" es "¡HACER COSAS EL UNO POR EL OTRO!"

mejores romances de la historia, junto con "Cenicienta" o "La Bella Durmiente." Pero en un año la pareja se separa. El paparazzi entrevista a ambos y se da cuenta que se odian. Dicen todo tipo de cosas repugnantes acerca del otro. Nosotros, la gente ordinaria pensamos, "¿Es en serio? ¿Ya no la quiere más? ¿A esa belleza? ¿Está loco?" Las mujeres están pensando lo mismo de la mujer loca que ya no quiere más a ese hombre apuesto. Entonces, ¿qué cambió? ¿Dejaron ambos su belleza? ¿Ambos cambiaron? Ninguno cambió, excepto en actitud. Sin comunicación, la pareja rápidamente se aparta. Pero ellos se sorprenden en cómo el otro cambió de ser un "sueño hecho realidad" a una "pesadilla donde todo salió mal". Él escogió verla con repugnancia. Ella hizo lo mismo. Y cuando escoges esto, la otra persona se convierte más fea cada día.

Tu actitud para con tu pareja le hace, en tu mente, más hermosa o más fea cada día. Entonces, está en ti. Pero lo que la mayoría hacemos, cuando la elevación química se desvanece, es enfocarnos en lo negativo. Esa es la niebla. Por eso llega. Si no la entiendes, podría parecer que la única posible solución es el divorcio.

Pero ya has leído este libro hasta este punto, ahora conoces demasiado. Ya no puedes declarar ignorancia. Ya sabes que debes cambiar.

No será tan malo. Mantente leyendo y verás lo fácil que es hacer que la niebla se vaya y hacer que tu matrimonio regrese a ser el matrimonio poco riguroso, dulce, lleno de besos y amoroso del cual disfrutabas en el principio. ¡Confía en mí!

Parte II
Desempañando Su Matrimonio

¿Qué es El Matrimonio?

CONOCIMIENTO ES LA CLAVE. Si puedo lograr que entiendan de qué se trata el matrimonio y cómo se supone que funciona, la mitad de sus problemas desaparecerían. Lo garantizo.

La razón por la que el matrimonio es una niebla para la mayoría de la gente es porque no entienden lo que el matrimonio es o lo que se espera que hagan para que el matrimonio funcione. Cada uno de nosotros tenemos nuestras fantasías acerca del matrimonio. El síndrome Cenicienta nos hace a todos creer que una vez que ingresamos a ese "santo estado de felicidad" vamos a vivir felizmente para siempre. ¡NO! Eso es lo equivocado de las historias de Cenicienta en nuestro mundo. Su final es una boda, pero no nos enseñan cómo es la vida después de los "sí, acepto". Entonces creamos visiones del matrimonio basadas en la boda, y la luna de miel, y otras escenas románticas maravillosas que vemos en las películas, con el beso perfecto, las palabras perfectas, y con una orquesta completa en el fondo tocando la música perfecta.

Jane se despierta la mañana después de la boda. Memorias vívidas de una boda perfecta llenan su cabeza. La noche de romance, intimidad y pasión ha dejado una gran sonrisa en su rostro. Ella se sienta en su cama, acomoda su bata, estira las sábanas y cobijas que la rodean, y amorosamente se queda esperando el desayuno que su esposo le va a cocinar y servir antes de que sus pies toquen el piso. Es una expectativa honesta, ya que ella vino de una familia en donde su padre hacía esto para su madre. John se despierta con su hermosa esposa sentada con gran anticipación. Él también acomoda las almohadas, sábanas y cobijas, con la expectación emocionante de recibir un desayuno casero en la cama que su nueva esposa le traerá. Él creció en un hogar donde su madre solía hacer esto para su padre. ¿Ven un problema aquí? ¿Pueden ver la niebla comenzando a formarse?

No importa cómo ustedes llamen a sus fantasías o cómo las describan, todas tienen algo en común—egoísmo. ¡Llegamos al matrimonio con expectativas egoístas! Como solteros, nosotros hemos desarrollado un estilo de vida de autoservicio. Hacemos lo que queremos hacer, lo que nos hace felices, lo que nos da placer. Nuestra actitud de autoservicio influye en nuestra elección de trabajos, restaurantes en los que comemos, pasatiempos que ocupan nuestro tiempo libre, y sí, incluso la chica o el chico que buscamos y encontramos. Miramos todas estas cosas con la idea de "¿qué obtengo yo de esto?"

En este momento, o les sorprende el nuevo conocimiento que están adquiriendo acerca del matrimonio, o están enojados conmigo por sugerir que se han casado con motivos egoístas. Pues no se sorprendan ni se enojen conmigo. Ustedes no sabían. Estaban elevados, ¿recuerdan? El sentimiento de amor que experimentamos nos hizo hacer lo que debíamos hacer—servir a la otra persona. Fue casi como si "accidentalmente" hiciéramos lo que era correcto al principio de la relación. Y cuando servimos a la otra persona, experimentamos la verdadera satisfacción del amor. Fue un gran ciclo, mientras duró el "amor elevado". Pero cuando la elevación se desgastó, volvimos a un estilo de vida expectante en lugar de un estilo de vida generoso.

Entonces, han estado casados por uno o dos años y parece que las cosas no son como deberían ser. ¿Pero en qué se basan sus ideas de "¿qué se supone que debe ser?" Las basan en sus fantasías sobre el matrimonio. Ahora hemos dado un giro completo al egoísmo.

Por eso entra la niebla—no entendemos lo que se supone que debe ser el matrimonio. Es por eso que nos divorciamos tan rápidamente en el tercer o cuarto año—no entendemos por qué Y no sabemos qué hacer para corregir los problemas.

¡YA FUE SUFICIENTE! Es hora de desempañar su matrimonio con conocimiento. Entonces, una vez más, preguntemos: "¿Cómo se supone que debe verse el matrimonio?

¡El Matrimonio te completa!

Si les importa lo que dijo *El Diseñador* de matrimonios, lean esto:

Y dijo Jehová Dios: No es bueno que el hombre esté solo; le haré ayuda idónea para él.

(GENESIS 2:18)

¿Idónea? No es la mejor palabra en inglés para explicar su verdadero significado. La traducción literal de esa palabra se acerca más a "correspondiente a la necesidad." El Diseñador diseñó a la mujer para llenar el vacío que fue diseñado en el hombre. Entonces la mujer fue diseñada para completar al hombre, y viceversa. Ambos fueron diseñados para atender activamente y proactivamente las necesidades del otro.

Si no les importa lo que dijo El Diseñador de matrimonios, no lo descarten como si fuera una leyenda religiosa. Sigue siendo cierto, y ha sido comprobado en los estudios modernos de investigación social. Lean aquí lo que una investigadora moderna dijo acerca de los beneficios del matrimonio. La Dra. Linda Waite, en su libro *Un Caso Para el Matrimonio: Por Qué Las Personas Casadas Son Más Felices, Más Sanas y Están Mejor Financieramente* (Broadway Books, libro de bolsillo 2001), ofrece una lista de beneficios comprobados que las personas casadas disfrutan sobre las personas solteras. Algunos de estos son:

- El matrimonio reduce el riesgo de que tanto hombres como mujeres sean víctimas de violencia
- Las personas casadas viven más tiempo
- Los niños llevan vidas más sanas y más largas si los padres se casan y permanecen casados
- Los hombres casados ganan más dinero que los solteros

- En promedio, las personas casadas se jubilan con más del doble de los activos que los que tienen las personas solteras
- El matrimonio aumenta la fidelidad sexual
- Los hombres y mujeres casados están menos deprimidos, menos ansiosos, y menos angustiados psicológicamente que los Estadounidenses solteros, divorciados o viudos
- Casi el doble de personas casadas califican más sus vidas como "muy felices" que las personas solteras
- El divorcio debilita los lazos entre ambos padres y sus hijos a largo plazo
- Es más probable que las personas casadas informen que tienen una vida sexual extremadamente satisfactoria que las personas solteras o aquellos que viven juntos sin casarse

Entonces, ¿cómo explican esto? ¿Podría ser que a las personas no casadas les falte algo importante en sus vidas? Hombres, ¿sabían que la investigación ha demostrado que el matrimonio ofrece más beneficios para el hombre que para la mujer?

Guau, eso seguro que suena como un montón de beneficios. Si no tenemos cuidado, podríamos ver esto de manera egoísta—como más cosas que puedo obtener del matrimonio. Antes de devolverse a la forma como hacían las cosas, lean la siguiente sección para echar un vistazo a lo que se supone que deben hacer en su matrimonio.

El Matrimonio Une a Dos Seres Humanos

¿Qué han oído en las bodas? "Unión de dos espíritus". "Unidos en el Santo Matrimonio". "Lo que Dios ha unido, no lo separe el hombre". ¿Qué? ¿Qué se imaginan cuando alguien menciona la unión conyugal? Es difícil de imaginar, a menos que el matrimonio vaya mal. Entonces imágenes como "la vieja pelota y el grillete" entran en su lugar.

¿Qué les parece esta imagen: el matrimonio, la mejor familia mezclada? Cuando ustedes se casan, se convierten en una entidad completamente nueva. Es como cuando se mezclan colores. Si mezclan blanco y negro se vuelve gris. El blanco y negro ya no son visibles. Lo único que queda es un nuevo color. Si mezclan amarillo y azul obtienen verde. En este momento exacto, mientras escribo este capítulo, llevo una camisa verde. Estoy mirando hacia abajo y no puedo ver ningún azul o amarillo. Pero sé que el verde en mi camisa es una mezcla de dos colores primarios que ahora han desaparecido en un nuevo color.

¿Qué hay de esta imagen: el matrimonio unifica dos cuerpos? Esa puede no ser una imagen muy buena. Es más como ciencia ficción con una criatura de dos cabezas, cuatro brazos y cuatro patas desatada en el campo.

Pero, traten de poner todas estas imágenes juntas. Dos humanos, unidos en matrimonio, se mezclaron tanto que se convirtieron en una entidad completamente nueva. Se supone que el matrimonio les "pegue" tan fuerte a la pareja que no podemos decir dónde termina una persona y dónde comienza la otra. Tu pareja se convierte en una extensión de ti—tu cuerpo, tu mente y tu espíritu.

Ahora, piensen en SUPERVIVENCIA. Si mi mano se acerca al fuego, naturalmente retrocederé y mantendré mi mano a una distancia segura. Si me da hambre, buscaré alimento para calmar el hambre. Si deseo placer, consideraré las necesidades de mi cuerpo y perseguiré los estímulos apropiados. Todas estas cosas las haré como una cuestión de supervivencia. Es lo natural.

Ahora, transfiere todos estos pensamientos, sentimientos y acciones a tu pareja. En el matrimonio debes tratar a tu pareja como una extensión de ti mismo. Si tu pareja se duele, tú te dueles con ella. Si hay peligro, protegerás a tu pareja como lo harías tú por ti mismo. Y si desea placer, los pensamientos sobre lo que necesita tu pareja deberían ser tan importantes, incluso más importantes, que tus propias necesidades.

Si te importa lo que dijo El diseñador de matrimonio sobre el amor, el amor verdadero, lee lo que dijo a través del escritor Pablo:

Así también los maridos deben amar a sus mujeres como a sus mismos cuerpos. El que ama a su mujer, a sí mismo se ama. Porque nadie aborreció jamás a su propia carne, sino que la sustenta y la cuida ... (EFESIOS 5:28-29)

Cuando te casaste, te ofreciste a invertir más energía en la vida de tu pareja que en la tuya. Cuando sirves a tu pareja, disfrutas de las bendiciones porque él/ella es en realidad parte de ti. ¿Cómo está funcionando esto para ti? La investigación social y médica nos muestra que esto es saludable. Se ha comprobado que satisfacer las necesidades de tu cónyuge te hace más feliz y más satisfecho con la vida. Eso es para lo que te inscribiste. Así es como se ve el matrimonio.

No Más Solteros, Sino Que Una Pareja

Cuando te casaste, renunciaste a la vida de soltero y egoísta, y te ofreciste a vivir como parte de una pareja. Tu vocabulario debería haber cambiado. Palabras como yo, mío y mí deberían haber sido reemplazadas por nosotros, nuestro y de nosotros. Cuando renunciaste a tu vida soltera por una vida matrimonial más saludable, también renunciaste a los derechos de esperar o exigir cosas a tu manera. Te ofreciste a reemplazar el egoísmo con el desinterés.

Jack y Nancy recibieron un regalo fantástico en su boda. La madre de él les regaló la escritura de la casa en la que él creció. Parecía algo bueno, pero resultó ser un desastre. Nancy se mudó y comenzó a organizar las áreas de la casa de las que ella pensaba que estaría a cargo, como la cocina, la sala, los baños, el dormitorio principal, etc. Pero cada vez que ella arreglaba las cosas a su manera, Jack la seguía y arreglaba las cosas de la manera que él recordaba. Él le dijo a ella: "Esta es la casa en la que crecí. No puedes simplemente cambiar las cosas". Jack quería casarse, pero quería que las cosas fueran iguales a como cuando era soltero. Su resistencia a "mezclarse" y "dar" en su matrimonio causó muchos problemas. La pareja acudió a mí buscando consejería. Habían estado casados tres años.

¿Qué hacen en las tradiciones navideñas? No podemos simplemente ir a la casa de mi familia para Navidad todos los años, como estoy acostumbrado. Ahora tengo otra familia a la cual tener en cuenta. Mi esposa y yo habíamos decidido que íbamos a ir a la casa de mis padres para el Día de Acción de Gracias y a la casa de sus padres para Navidad ese primer año. El año siguiente cambiaríamos los destinos. Cuando nuestros hijos llegaron, mantuvimos el mismo plan y funcionó bien. No me gustó perderme la Navidad en la casa de mis padres ese primer año, pero ahora estaba casado. Nuevas tradiciones tuvieron que formarse en nuestra nueva familia. Más tarde, cuando nos mudamos demasiado lejos de ambos padres para viajar de manera segura durante el invierno, comenzamos a tener Acción de Gracias y Navidad en nuestra propia casa con algunos amigos.

Recuerdo que cuando me casé, mi esposa no acomodó nuestra casa de la manera que yo esperaba. Vengo de un hogar en la que luchamos por la apariencia de pulcritud. Ella venía de una casa en la que luchaban por la apariencia de comodidad vivida. Recuerdo que mi esposa me dijo una vez: "No quiero vivir en una casa modelo. Quiero estar cómoda en mi propia casa". No entendí su declaración en ese momento. Desearía haberlo hecho. Habría evitado muchos problemas. De hecho, yo sí quería vivir en una casa modelo. Chocamos nuestras cabezas. Ninguno de los dos cedería acerca de este asunto. Mi idea de compromiso fue que yo limpiaría la mitad del objetivo por el cual discutíamos. Así que yo no tenía nada en mi lado de la mesa del comedor, la mesa de café y la cama. En lugar de eso, yo amontonaba cartas, periódicos, monedas y billetes, envoltorios de dulces, chucherías y cualquier otra cosa que considerara innecesaria en la parte de ella. Bueno, ¡Eso no funcionó!

Ojalá hubiera tenido este libro cuando me casé. Me tomó mucho tiempo darme cuenta de que mi comodidad y placer no deberían haber sido perseguidos. Encontré que cuanto más servía a mi esposa, más feliz estaba ella y más feliz estaba yo. Hoy en día, no vivimos en una casa modelo. Pero he llegado a apreciar las chucherías, las plantas y las decoraciones que hacen de la casa que vivimos en NUESTRO HOGAR.

Los planes, las esperanzas y los sueños deben ser compartidos por igual por el esposo y la esposa. Steve dejó su trabajo después de unos dos años porque estaba aburrido. Se puso una presión inmediata en la familia que necesitaba dos ingresos para poder subsistir. Pero sin hablar con su esposa, él se alejó de un salario constante. Luego anunció que volvería a los estudios para convertirse en un licenciado en terapia de masaje. Intentó convencer a su esposa, Nancy, de que todo esto sería mejor a largo plazo. "¿Cómo podría seguir yendo a un trabajo que odiaba?" explicó. Nancy trabajó turnos adicionales en el hospital en un intento para mantener las facturas al día. Los dos años que le tomó a Steve finalmente obtener su licencia pusieron una presión horrible sobre el matrimonio y la familia. Él anduvo dando tumbos por un tiempo ganando poco dinero de los pocos clientes que podía atraer. Seis meses después, renunció a ese trabajo sin planes para lo que haría a continuación. Yo he visto esta historia repetida muchas veces en mis años como consejero. El esposo, o la esposa, piensa más en sí mismo o sí misma que en su pareja o en sus hijos, y se desvía hacia un fracaso tras otro.

Cuando nos casamos renunciamos al derecho de perseguir solamente nuestros sueños. No estoy tratando de ser odioso y decir que no puedes tener sueños. Estoy diciendo que no puedes hacerlo solo, sin tu cónyuge. Además, no funciona, no funcionará. Si no incluye a su pareja en todo lo que le afecta, la miseria entrará y permanecerá en su matrimonio.

Viviendo Como Un Soltero Casado

¿Ya he sobre-enfatizado este punto en este libro? ¿He repetido demasiado cómo renunciamos voluntariamente a nuestros derechos, a la independencia cuando nos casamos y más bien escogemos compartir todo con nuestros cónyuges? Así es como viven las parejas casadas, felices y sanas. Pero, aún así, millones de personas casadas, después de un tiempo, eligen vivir como un soltero en su matrimonio. Así se ve la vida de un soltero casado:

- Exigencias irrazonables para que el otro se ajuste a las esperanzas y sueños de uno
- Grupos de amigos separados, defendiendo a los amigos por encima de la pareja si los dos están en desacuerdo
- Chequeras separadas en los que cada uno tiene su lista de obligaciones por separado: ¡Sin compartir!
- Pasatiempos y actividades recreativas separadas, diseñadas intencionalmente para evitar que el otro comparta esta parte de la vida
- Metas y sueños separados, todos los arreglos incluyendo la financiación de dichos sueños realizados sin compartir con el cónyuge
- Poca o ninguna conversación profunda sobre cualquier tema de la vida
- Poca o ninguna intimidad
- Poco o ningún cuidado o preocupación por el otro

Qué horrible giro de acontecimientos. Entraron en el matrimonio a través de una hermosa ceremonia romántica en la que pro-

Dr. Bob Verdades #3:
El matrimonio es la unión de dos personas que han renunciado voluntariamente a sus derechos personales para atender voluntariamente las necesidades de la otra persona.

metieron el uno al otro hacerse felices por el resto de sus vidas. Ahora, solo son dos personas casadas, que no se caen bien, viviendo como solteras en la misma casa. La niebla se está espesando.

Entonces, ¿Qué es el Matrimonio?

No se suponía que el matrimonio estuviera lleno de dolor y miseria. Si sus vidas no son como se imaginaron que serían, continúen leyendo para encontrar formas de corregir su situación y salir de la niebla. Pero recuerden lo que el matrimonio es:

El matrimonio es la unión de dos personas que han renunciado voluntariamente a sus derechos personales para atender voluntariamente las necesidades de la otra persona.

Como una persona casada, si decides hacer lo correcto, y lo que funciona, encontrarás que tu pareja se vuelve más bella cada día, que tú te vuelves una persona más bella cada día y se volverán más felices con cada día que pase. ¡Lo garantizo!

¿Cómo Se Mira
Un Matrimonio Saludable?

¡EL CONOCIMIENTO ES LA CLAVE! Otro paso para desempañar su matrimonio es comprender cuál es la meta o para qué están trabajando. Cualquiera puede decir: "Quiero un matrimonio saludable". Pero si no sabe cómo es, no sabrá qué está buscando, cómo proceder o cómo saber si ha llegado. Entonces, ¿cómo se mira un matrimonio saludable?

1- En un matrimonio saludable, ambas partes entienden que son diferentes.

De acuerdo, seré el primero en admitir que no entiendo completamente a mi esposa. Y, ella va a admitir lo mismo de mí. No hay manera en la tierra de que yo, como hombre, la entienda nunca. Pero hay muchas cosas que entiendo que hacen que mi matrimonio sea maravilloso. Entiendo que somos diferentes, hablamos diferentes idiomas y miramos TODO de manera diferente. También entiendo que no puedo comunicarme con ella como lo haría con otro hombre. Entiendo que cuando ella habla, a menudo tomo lo que dice mal. En otras palabras, a veces ella no dice lo que creo que dice. ¿Confundidos? Bueno, sigan leyendo.

Los hombres son, en su mayor parte, cognitivos en su comunicación y enfoque de la vida. Cognitivo generalmente significa que todo en la vida es prácticamente blanco y negro. Hablamos principalmente para proporcionar información con el propósito de arreglar cosas. Los hechos son valorados. Se imponen límites. Y, nosotros los hombres somos muy buenos para hacer estas cosas porque generalmente nos centramos en un tema, lo tratamos, lo dejamos de lado y seguimos con nuestras vidas. Si no vemos un problema, no existe, ya sea que lo hayamos resuelto o no. Por eso es tan importante resolver los problemas antes de irse a la cama por la noche. Un hombre puede pelear y pelearse con su esposa, decir todo tipo de cosas malas, y luego darse por vencido e irse a la cama sin resolver nada. A la mañana siguiente se despierta refrescado. Su esposa es un poco más agradable de lo que era la noche anterior. Entonces, para él, ya no hay problema. Continúa viviendo en su mundo de fantasía "no hay problemas en mi vida".

Es por esto que hay una directriz bíblica para tratar sus problemas antes de irse a la cama. "Airaos, pero no pequéis; no se ponga el sol sobre vuestro enojo" (Efesios 4:26). Esta directriz no fue diseñada para evitar que duerman bien durante la noche. Fue diseñada para evitar que arruinen cien mañanas resolviendo el problema hoy.

Las mujeres son, en su mayor parte, afectivas en su comunicación y enfoque de la vida. Afectiva generalmente significa que todo en la vida está entrelazado. Las mujeres hablan con el deseo de crear un apego emocional. Los sentimientos son valorados. Los límites se deben conversar y remodelar de acuerdo a cada situación. Las mujeres piensan más en conceptos que en hechos individuales. Son capaces de pensar y hablar sobre más de un tema a la vez. Si un problema se deja de lado o se ignora, sigue existiendo y los sentimientos que lo rodean siguen aumentando. Entonces, la pareja se va a la cama después de pelearse y discutir. Ella se levanta y el problema sigue siendo real. Ella se ocupa del problema sola porque el esposo vive en la tierra fantasiosa. Ella no volverá a hablar acerca del problema hasta que el dolor sea demasiado insoportable. Entonces, una semana, dos semanas, un mes o seis meses después, se abrirá y desahogará esa horrible noche. El esposo está sorprendido: "¿Cómo puede seguir siendo un problema cuando sucedió hace tanto tiempo?" La esposa está sorprendida: "¿Cómo puedes decir que esto no es un problema cuando nunca lo resolvimos?" Así que tienen otra pelea acerca del mismo tema y se van a la cama, de nuevo, sin resolverlo.

¿Quién está equivocado aquí? ¡Ambos! La necesidad del esposo es arreglar y olvidar, algo que su esposa no está permitiendo que suceda. La necesidad de la esposa es conectarse con su esposo para que ella sepa que él siente lo que ella siente, algo que su esposo no está permitiendo que suceda. Así que van cojeando hacia el futuro aún sin entender.

El libro popular, *Los Hombres son de Marte, Las Mujeres son de Venus* (John Gray, HarperCollins Publishers, 1992), ilustra vívidamente las diferencias en la forma en que los hombres y las mujeres ven la vida. De hecho, es algo cursi. ¿No están Marte y Venus a un millón de kilómetros de distancia? Sí, y eso es lo lejos que están los esposos y esposas cuando se trata de conflictos. Recuerden, la comprensión es la mitad de la batalla.

Los hombres y las mujeres son diferentes cuando se trata de dolor. Entonces, estoy en mi garaje, trabajando en un pequeño proyecto, cuando golpeo mi dedo con un martillo. Grito y hago alaridos, salto arriba y abajo, me chupo el pulgar y ofrezco unas palabras que no se supone que deba decir en compañía educada. Mi esposa escucha el alboroto. Ella viene al garaje y con amor me pregunta: "¿Qué pasa?" ¿Qué suelen decir los hombres aquí? "¡Nada!" Estoy procesando mi dolor de la manera que sé. Solo quiero que el dolor termine. Pero mi esposa quiere conectarse conmigo, compartir mi dolor y fortalecer nuestro matrimonio. Simplemente la rechacé y no le permití esa oportunidad para conectarse. La comprensión es la mitad de la batalla.

Los hombres y las mujeres son diferentes cuando se trata de la intimidad y el sexo. Me casé cuando tenía 19 años, en la cima de mi entusiasmo sexual (calentamiento). Creía que me casaría y tendría sexo todas las noches por el resto de mi vida. ¿No es eso lo que hacen todas las parejas casadas? Bueno, descubrí rápidamente que este no sería el caso. Pero no entendí. Así que usé mis habilidades cognitivas para promover más sexo. Cuando mi esposa no se sentía bien, pensaba: "Mi esposa no se siente bien, el sexo te hace sentir bien—tengamos sexo— entonces ella se sentirá bien". A mí me parecía bien y lógico. Pero no a ella. La comprensión evitará este tipo de problemas.

2- En un matrimonio saludable, conflicto no es una palabra de cuatro letras.

Aquí es cómo los esposos y esposas se convierten en enemigos amargos. Surge algún conflicto. El esposo procesa la información de manera cognitiva, descubre una solución, ama a su esposa lo suficiente como para solucionar el problema e intenta compartir la información. La esposa procesa la información de manera afectiva, descubre las emociones hirientes que rodean el problema, ama a su esposo lo suficiente como para tratar de conectarse con él para mejorar el matrimonio e intenta compartir la información. Él no la entiende, ella no lo entiende, así que se retiran a esquinas separadas. El conflicto ahora se convierte en una fuente de conflicto. En otras palabras, solo la idea de conflicto se vuelve negativa. Él dice: "Ahí va ella otra vez. No puedo hacer nada bien. Estoy en problemas todo el tiempo ". Ella dice lo mismo.

El conflicto no es algo malo. Debe ser visto como una

oportunidad para cambiar algo y mejorar. El matrimonio es una relación viva y creciente. Piensen en esto como al comprar un par de jeans. Un joven entra a su primer año en la escuela secundaria local. Se viste con sus jeans favoritos para ese primer día de clases. Pero los jeans son ajustados, le duele abotonarse y subirse el zipper. Las piernas de los jeans son tan cortas que la pierna peluda se muestra entre la parte inferior de los jeans y la parte superior del calcetín. Él viene a ti quejándose de que sus pantalones ya no le quedan. Entonces, ¿qué vas a decir? "Esos jeans estaban bien cuando los compramos hace tres años. ¡Deja de quejarte y ve a clases!" ¿Qué tan ridículo es obligar a un adolescente a usar la misma ropa que le quedaba hace tres años y cincuenta libras menos? El dolor de los pantalones ajustados y los gemidos de un joven adolescente demuestran la necesidad de un cambio. Por lo tanto, se debe cambiar para mejorar.

El conflicto puede ser una señal de que un cónyuge no siente la misma apreciación que sintió una vez. Comenzamos el matrimonio con el romance y anticipamos que el romance siempre estará allí. Pero nos encontramos metiéndonos en las rutinas cotidianas de la vida. Trabajamos, comemos, dormimos, luego nos levantamos al día siguiente para hacer lo mismo. El conflicto, los malos sentimientos, pueden ser simplemente una señal para ambos de que necesitan reavivar el romance en su matrimonio. Por lo tanto, se debe cambiar para mejorar.

El conflicto nunca debe ser evitado o ignorado. Piensen en esto: todos los conflictos que han tenido en su matrimonio que no se han resuelto completamente todavía están con ustedes. Simplemente flotan en una nube que cuelga sobre su matrimonio. Ahora, cada vez que surgen problemas nuevos y pequeños, el peso de todos los problemas no resueltos pasados puede caerles encima.

Entonces, tiro mis calcetines sucios a la cesta y uno de ellos cae al suelo. Me alejo. Mi esposa dice: "¡Oye, recoge tu calcetín!"

Bueno, ¿por qué me está hablando así? Yo respondo: "¡Recógelo tú!"

Ella está molesta. Ella dice: "¡Es tu calcetín!"

Yo respondo: "¡Estás más cerca!"

Después de unas cuantas rondas más de acusaciones, digo algo increíblemente estúpido como: "Bueno, ¡de todas formas es trabajo de mujeres!"

Ella zapatea fuerte y tira una puerta. Yo salgo y tiro otra puerta. No nos hablamos durante tres días. ¿Está nuestro matrimonio al borde de la destrucción a causa de un estúpido calcetín en el suelo? Bueno, sí. Pero no solo estamos discutiendo acerca de un calcetín en el suelo. Estamos discutiendo sobre cada problema que hemos tenido que no se haya resuelto. Debemos resolver cada problema tan pronto como suceda, por el bien de nuestro matrimonio. Por el bien de nuestro futuro. En un matrimonio saludable, la pareja se da cuenta de cuánto mejorarán después de que se resuelva el conflicto.

3- En un matrimonio sano, las parejas se RESPETAN y se HONRAN.

En todos mis años de consejería y de ayudar a las parejas casadas, estoy maravillado, pero ya no me sorprende, cuando las parejas vienen y dicen las cosas más desagradables del cónyuge. He escuchado las peores palabras y las descripciones más horribles de personas que alguna vez fueron calificadas como "el amor de mi vida". Este comportamiento es un síntoma de una pareja que ha perdido su capacidad de comunicarse. Sin comunicación no hay intimidad, cercanía. Entonces sucede lo opuesto. Cada día, en todos los sentidos, se alejan más y más. La ira reemplaza la paciencia y el odio reemplaza al amor. Esto nunca ayudará.

En matrimonios saludables, las parejas han aprendido que no importa qué conflicto esté ocurriendo o qué emociones se estén sintiendo, el respeto y el honor deben continuar. Respeto y honor no significa que ustedes ignoren el conflicto o eviten la

> **Dr. Bob Verdades #4:**
> RESPETO es la forma como se tratan en privado.
> HONOR es la forma como se tratan en público.

confrontación cuando sea necesario. Pero estas actitudes deben estar presentes para que el corazón no se dañe mientras se resuelven los conflictos.

Hay muchas ideas sobre cómo se ven el respeto y el honor en el matrimonio. Pero según el Dr. Bob, ese soy yo, RESPETO es cómo ustedes se tratan en privado, HONOR es cómo se tratan en público.

Empecemos con respeto. En mi matrimonio, mi esposa ocupa un lugar de respeto en mi vida y en mi corazón. Entonces, en todas las situaciones, incluso en aquellas en las que no estoy de acuerdo con ella, todavía debo respetarla como Reina de Mi Corazón. ¿A qué se parece esto? Piensa en nuestras últimas elecciones presidenciales. El hombre por el que no voté fue elegido. Tengo problemas con eso. Sin embargo, si él viniera a mi oficina, me pondría de pie inmediatamente. Yo lo llamaría "Señor". Incluso podría preguntarle si podría tomarme una foto con él, después de todo, él es el hombre más famoso y poderoso del mundo. Pero si tuviera la oportunidad de discutir los problemas con él, no sería tímido decirle dónde estoy en desacuerdo con él y por qué. Pero todo el tiempo usaría palabras y gestos respetuosos.

En el matrimonio, los esposos deben mirar a sus esposas como si fueran de la realeza, como alguna persona famosa y poderosa que se encuentra en tu presencia. Ahora, no evites la confrontación cuando sea necesario, pero usa palabras y comportamiento que demuestren que crees que él o ella es de la realeza. Entonces, ¿qué cita describe mejor cómo debe tratar a su esposo / esposa en medio del conflicto?

"¿Por qué tienes que ser tan estúpido? Cada vez que vuelvo a casa tienes algo nuevo de que quejarte. Las personas que ni conozco son más agradables conmigo que tú. ¡Debí haberme quedado en el trabajo!"

O ...

"Cariño, tengo un problema con la forma en que hablamos esta tarde. ¿Crees que podríamos sentarnos y hablar sobre esto? Estaré listo cuando tú lo estés".

¿Ves la diferencia? No evites la confrontación. Pero manéjalo con respeto.

Ahora, hablemos de honor. Así que vas a la oficina o al lugar de trabajo y escuchas a las personas hablar negativamente acerca de sus cónyuges. Puedes (1) unirte y reprender a tu cónyuge para que encajes con tus amigos (él / ella nunca lo sabrá), o puedes (2) decirle a tus amigos lo maravilloso o maravillosa que es tu cónyuge. La elección # 1 siempre es la equivocada. Demasiadas personas están degradando el matrimonio cuando degradan a sus cónyuges. Y, si andas con personas que son negativas sobre su matrimonio, tú te convertirás en negativo también. Entonces traerás esa negatividad a casa y arruinarás todo.

Deshonrar a tu cónyuge es lo que yo llamo comportamiento hidráulico. ¿Conoces el sistema hidráulico? ¿El sistema que usa tu mecánico para poner tu auto en el aire para poder cambiar el aceite? Bueno, lo que sucede es que en algún lugar del garaje hay tuberías llenas de aceite que están conectadas al mecanismo que elevará tu automóvil. El aceite en las tuberías en un lado del garaje se empuja hacia abajo, lo que hace que el automóvil en el otro lado del garaje se levante. Eso es todo lo que sé acerca de las grúas hidráulicas. Pero en la vida vemos a la gente a menudo usando esta teoría, creyendo que si critico o reprimo a alguien más, me hará verme mejor. Los de primer grado también lo hacen. No es lindo. Pero los esposos y las esposas caen en esta trampa todo el tiempo. Denigran a la persona que les causa más dolor para sentirse bien, al menos por un momento o dos. No caigan en esta trampa.

Esto es lo que debes hacer. Todos los demás están diciendo cosas malas, pero tú dices: "Lamento que sus esposas sean tan malas. Mi esposa es maravillosa". Luego, ve a casa y cuéntale a tu esposa lo que hiciste. Te garantizo que recibirás un beso de eso. Esposas, hagan lo mismo. Mientras las otras mujeres se quejan de sus esposos, digan: "Lamento que sus esposos sean tan espeluznantes. ¡El mío es fantástico! "Luego, ve a casa y cuéntale a tu esposo lo que hiciste. Te garantizo que recibirás un beso. Bueno, probablemente él querrá más que eso.

Ahora, no mientas. No digas que tu esposo te trajo el desayuno a la cama o que tu esposa frotó tus pies si esas cosas no sucedieron. Pero encuentra algo sobre tu pareja que sea maravilloso y hermoso y presume sobre él o ella en público. Estarás contento de haberlo hecho.

4- En un matrimonio saludable, las parejas tienen las mismas esperanzas y sueños.

Cuando te casaste, te ofreciste voluntariamente para renunciar a sueños y esperanzas egoístas y te ofreciste a descubrir esperanzas y sueños que ambos pudieran compartir. Ahora, no me malinterpretes, esto no significa que abandones todos los planes que hiciste antes del matrimonio. Pero si los mantienes, asegúrate de que tu pareja sea parte integral del plan.

Las esperanzas, los sueños y las metas se deben hablar antes de que la pareja se case. Pero si esto no sucedió, no hay mejor momento que el presente. De hecho, cada pareja debería sentarse una vez al año y hablar sobre estas cosas. ¿Cómo quieres que se vea tu matrimonio dentro de uno, cinco y diez años? ¿Qué tal las propiedades, bienes raíces y las inversiones? ¿Qué tal la libertad financiera? ¿Qué tal la educación tuya o la de tus hijos? ¿Vacaciones, safaris, esos viajes o que haces una vez en la vida? Crezcan más como pareja a medida que planifican su futuro, juntos.

5- En un matrimonio saludable, las parejas tienen una perspectiva espiritual.

Para consolidar un matrimonio sano, muchas parejas comparten una perspectiva espiritual sobre la vida. En otras palabras, creen que la vida puede ser más que un trabajo de 9 a 5. Ellos pueden afectar más que solamente a ellos mismos y sus familias. Entonces, se involucran en aventuras espirituales— cosas que son más grandes que ellos mismos. Los eleva de lo mundano a un plano casi sobrenatural. Y, si una pareja puede hacer esto juntos, el matrimonio entra en nuevas y emocionantes alturas. Y también es saludable.

Carl Jung, famoso psicólogo de las décadas de 1940 y 1950, dijo: "De todos mis clientes que se encuentran en la segunda mitad de sus vidas, la mayoría de sus neurosis desaparecerían si tuvieran una perspectiva espiritual de la vida".

Entonces, vayan más allá de ustedes mismos con benevolencia, las aventuras humanitarias o las aventuras altruistas. Todas estas palabras elegantes significan que miras más allá de tu hogar y tu familia y encuentras a otros a quienes puedes ayudar. Compren un regalo para alguien más. Llévenle una comida a una pareja mayor que vive por su casa. Vayan durante las vacaciones a lugares donde se sirven alimentos para los indigentes y sirvan comida a estas personas sin hogar. Hagan por los demás sin esperar nada a cambio. Y, ¿recuerdan el efecto Madre Teresa? Ustedes serán más felices y más saludables, y sus hijos también.

Vayan más allá de ustedes mismos con la aventura. Como pareja, deben planear alguna aventura que puedan hacer como pareja, que no solo les proporcionará recuerdos fantásticos e historias para compartir, sino que los acercará más ya que lo hicieron juntos. Vayan en un crucero. Vayan a un safari en África. Visiten Inglaterra o Francia o algún otro lugar extranjero que hayan querido ver. Decidan algún viaje fantástico que puedan compartir. Si no tienen dinero, hagan un plan para hacer algo especial dentro de cinco años. Empiecen a ahorrar. Luego vayan y diviértanse.

Vayan más allá de ustedes mismos con la religión. La mayoría de las religiones tienen como principio básico la idea de servir a su prójimo o ser una bendición para su comunidad. Definitivamente, esta es una manera de ir más allá de ustedes mismos, especialmente cuando creen en un Poder Superior al cual les gustaría honrar. Pero recuerden, entre más sirvan a Dios o a su prójimo, más felices y saludables serán.

6- En un matrimonio saludable, las parejas usan anteojeras.

Vivimos en un mundo sensual. La sexualidad se presenta de maneras positivas y negativas. Los publicistas utilizan la sensualidad para captar tus sentidos con el fin de tentarte a comprar sus productos. Debido a todo esto, hemos abierto nuestras mentes a "qué pasaría si" o "qué hay de malo en eso" cuando se trata de ser infiel o fantasear. Uuuu, será mejor que tengamos cuidado.

Como hombre casado o mujer casada, debes llevar anteojeras. Aquí está la definición del Dr. Bob de anteojeras— un implemento que mantiene fuera de sus ojos las cosas que no pertenecen a sus ojos. Si no hacemos un esfuerzo consciente para centrarnos solo en nuestros compañeros en lo que respecta al amor y la sexualidad, podemos sentirnos tentados a fantasear o ser infieles, lo que dañará o destruirá el matrimonio.

Casi cualquier cosa en la vida puede ser diseñada para atraernos. Tomemos, por ejemplo, la belleza pura. ¿Quién decide qué es la belleza pura? Los publicistas pintan cuadros de belleza pura para hacerte creer que su estándar es el estándar de belleza. Si tu esposa usa el sostén adecuado, se verá como una modelo. Si tu esposo compra el paquete completo de gimnasia, tendrá un "six pack" de abdominales como el del hombre del comercial. Están promoviendo la idea de que la felicidad se encuentra cuando te pareces a ellos. No dejes que te absorban con una visión falsa de la belleza.

La belleza pura es lo que quieras que sea. Ese es uno de los beneficios o bendiciones que el Creador nos dio. Podemos decidir quién o qué es bello. Si decido que mi esposa es la mujer más bella de mi vida, se convierte en la más bella. Si decido que es fea, se vuelve más fea cada día. Es mi elección. El punto aquí es que, si usas anteojeras, te concentras en tu pareja y él / ella se vuelve más bella cada día.

Las comparaciones son una forma segura de destruir tu matrimonio. ¡En el momento en que comparas a tu pareja con cualquier otra persona, tu pareja siempre pierde! Así que me levanto temprano como siempre lo hago, tomo un café, leo el periódico y me preparo para ir a trabajar. Mi esposa se levanta de la cama, se pone esa túnica que odio, su cabello está recogido hacia un lado y su aliento huele a los pies de un dragón. Tenemos un pequeño argumento que termina con "¡Bien, solo vete a trabajar!", A lo que respondo: "Bien, ¡me voy a trabajar!" Así que, llego a mi oficina y mi secretaria ya está allí. Ella está bien vestida, el cabello muy bien peinado y me saluda con respeto: "Buenos días, Dr. Whiddon, ¿cómo está hoy?" Así que la miro y luego recuerdo lo que dejé en casa ... ¿Ves lo fácil que podría ser comenzar a enfocarse en otra mujer?

Los conflictos no resueltos pueden empujarnos hacia otra persona y destruir nuestro matrimonio. Cuando los conflictos se acumulan en la nube que cuelga sobre nosotros, parece que nuestros cónyuges NUNCA entienden o NUNCA tienen el tiempo para escuchar realmente nuestras quejas. Pero esa persona en el trabajo, con la que no tienes historia, parece dispuesta a tomarse el tiempo no solo para escucharte, sino para empatizar con tus sentimientos. Una vez más, tu cónyuge pierde en este tipo de comparación.

El atractivo de la libertad nos puede atraer a alguien más. Esto es lo que pasa. Un hombre decide que su esposa es el problema total en su matrimonio. "Si pudiera simplemente salir de este matrimonio, puedo encontrar a alguien mucho mejor". Entonces, él se divorcia de su esposa (el 50 por ciento de todos los primeros matrimonios terminan en divorcio), y encuentra otra mujer con quien casarse (generalmente el siguiente cónyuge es mucho como el primero). Pronto en el segundo matrimonio se da cuenta de que esta nueva esposa tiene los mismos problemas que su primera esposa. "¿Cómo puedo ser tan desafortunado como para casarme con dos mujeres horribles?" Con menos paciencia, se divorcia de esta esposa más rápido (el 75 por ciento de todos los segundos matrimonios terminan en divorcio). Este hombre pensó que la libertad de su primera esposa resolvería todos sus problemas. Pero no entendió que ÉL era al menos el 50 por ciento de los problemas en su primer matrimonio. La libertad no resuelve tus problemas.

Debes permanecer en tu matrimonio y resolver los problemas. Te mostraré cómo. Sigue leyendo. Pero no busques la felicidad en alguien más. ¡Usa anteojeras! Ponte a trabajar en tu propio matrimonio. Serás más feliz y más saludable. Lo garantizo.

7- En un matrimonio saludable, las parejas celebran el matrimonio con intimidad.

Hay una diferencia entre el sexo y la intimidad. El sexo es el acto físico diseñado para llevar a uno o ambos al clímax. La intimidad es la atmósfera de cercanía y conexión en la que se produce el sexo. Más sobre esto en el siguiente capítulo. Pero tengan en cuenta que en un matrimonio saludable, el sexo se presenta naturalmente como una celebración de una relación íntima y cercana. Entonces, cuando estén pasándolo mal en el dormitorio, no trabajes en el sexo, trabaja en la intimidad. Construye tu intimidad, o cercanía, o conexión. Entonces, el sexo debe suceder naturalmente.

8- En un matrimonio saludable, la pareja se sirven el uno al otro.

La mayor actitud individual que subyace a casi todos los problemas en el matrimonio es el egoísmo. Nacimos en este mundo egoístas, demandando atención en todos los aspectos de la vida. Pero luego fuimos entrenados, o al menos nuestros padres trataron de entrenarnos, a ayudar a los demás, a ser amables con los demás, a dejar a otros ser los primeros, etc. En el matrimonio, cuando el conflicto surge y no se resuelve, muchos de nosotros volvemos al comportamiento anterior para hacer frente. Esto no funciona. Solamente empeora la situación. Lo opuesto al egoísmo es servirnos unos a otros. Este es uno de los comportamientos más sanos en el matrimonio.

En matrimonios saludables, la pareja entiende la particular

relación entre el servicio y la felicidad. Ya hemos compartido con ustedes el efecto Madre Teresa. La ciencia médica ha comprobado la idea de que la salud y el autoestima son subproductos naturales de servir a los demás. Entonces, hagan esto en el matrimonio.

Como una pareja saludable, encuentren maneras de servir uno al otro en todos los aspectos de la vida:

- En la vida cotidiana—las parejas encuentran maneras de servir a través de palabras de motivación ("Estoy orgullosa de ti", "Eres maravillosa", "Eres hermosa") o realizando actos de bondad (haciendo las tareas del otro, frotando los pies, frotaciones de espalda, regalos amorosos).

- En el mundo de los negocios—enviando mensajes de motivación por teléfono, correo electrónico, mensajes de texto, notas ocultas en maletines y carteras, escuchándose unos a otros mientras se relajan de la agitada jornada laboral.

- En conflicto—incluso cuando se trata de la resolución de conflictos, debe haber un componente de "servicio" ya que todo conflicto comienza con el egoísmo.

- En el dormitorio—cuando se trata de la intimidad y el sexo, mi actitud siempre debe ser "qué puedo dar" en lugar de "qué puedo obtener". Inténtelo de esta manera. Tu vida sexual mejorará dramáticamente.

Una cosa más acerca del servicio: servir es agradable porque piensas en la otra persona más que en ti. Pero ten cuidado, si esperas algo a cambio, volverás a una actitud egoísta incluso cuando estés haciendo actos de bondad. ¡Esto te hará daño!

Recuerdo haber visto un anuncio comercial para el show del Dr. Phil. Había una mujer atractiva sentada en el escenario junto a su marido cuadripléjico que estaba sentado en su silla de ruedas. Ella contaba la historia de cómo habían tenido un matrimonio como Cenicienta durante ocho años. El dinero era bueno, el sexo era fantástico y su futuro parecía brillante. Pero el marido tuvo un accidente y perdió el uso de sus brazos y piernas. Habían estado casados durante once años cuando asistieron al programa del Dr. Phil. Ella explicó que no había hecho nada más que servir a su esposo durante los últimos tres años. Ella estaba cansada. Ella dijo algo así como: "Creo que es hora para mí. Es hora de que yo sea feliz." Bueno, entiendo que el Dr. Phil no se queda callado a menudo, pero él se quedó callado, dejando que esta mujer siguiera hablando, dándole suficiente cuerda para que se ahorcara sola. Finalmente, el Dr. Phil abrió la boca y dijo: "EGOÍSTA no es una palabra lo suficientemente grande como para describirte".

La mujer estaba sirviendo, pero era miserable. ¿Por qué? Porque ella seguía pensando más en sí misma que en su marido. CUALQUIER MOMENTO en el que pienses más en ti mismo que en otra persona, SIEMPRE serás miserable.

Las parejas casadas sanas se sirven mutuamente y realizan actos de bondad sin esperar nada a cambio. Como resultado, ellos mismos son más felices y más sanos. Pero sucede otra cosa sorprendente—el que recibe el servicio es más feliz, más sano y más dispuesto a servir también. ¡Es una situación donde todos salen ganando!

El Diseño y la Colocación de la Intimidad en el Matrimonio

¡El conocimiento es la clave! Necesitamos entender la intimidad. No es un concepto tan difícil. Pero muchas personas confunden la intimidad con el sexo. Van juntos. Pero son diferentes. Comprender dónde encaja la intimidad en tu matrimonio te ayudará a tener un mejor matrimonio y una mejor vida sexual.

A los hombres les gusta el sexo, ¡mucho! A las mujeres les gusta la intimidad, ¡mucho! Pero los hombres piensan que la intimidad es el sexo y lo estropean todo el tiempo. Debido a esto, los hombres siempre están buscando señales, señales de que sus esposas podrían ser accesibles para tener relaciones sexuales en un momento determinado. Tratamos de encontrar atajos para no tener que trabajar tan duro para llegar a lo bueno. Hombres, DETÉNGANSE ya de andar buscando señales y letreros. Probablemente ni los verán de todos modos.

Recuerdo que, como ministro novato, un domingo por la mañana me levanté temprano como solía hacerlo para prepararme. Estaba en la ducha, inclinándome para enjuagar el champú de mi cabello, cuando noté que alguien se había metido en la ducha conmigo. Después de enjuagar el champú y limpiarme los ojos, me di la vuelta y noté que era mi esposa, con una gran sonrisa en su rostro. Pensé: "Mmm, este va a ser un gran día". Así que nos besamos un poco y nos lavamos las espaldas. Después de ducharnos, la sequé con una toalla y ella me secó con otra. Ella se envolvió con su toalla, me guiñó un ojo y se fue a la habitación. Pensé: "Mmm, mi esposa está de buen humor esta mañana". Así que ... me quedé en el baño por un tiempo, ya sabes, peinándome el pelo, afeitándome, cortándome el pelo de la nariz, todas las cosas que necesitaba hacer para estar listo para ir a la iglesia.

Al cabo de un rato fui a la habitación a vestirme. Mi esposa estaba en el baño principal en ese momento. Y noté que la cama no estaba hecha, lo cual era extraño ya que ella usualmente hace la cama tan pronto como nuestros pies tocan el piso. Así que pensé, "Mmm"... y comencé a ordenar la cama para ella. Después de todo, ella estaba de tan buen humor, solo quería hacer algo por ella. Cuando estaba haciendo la cama, noté que todas las pequeñas velas de nuestra enorme cabecera estaban encendidas. Pensé, "Mmm"... y seguí haciendo la cama. Entonces me di cuenta de que el equipo de sonido de nuestra cabecera estaba encendido, tocando música suave y romántica. Entonces, pensé, "Mmm"... y seguí haciendo la cama. Luego me vestí y salí a la sala a leer el periódico antes de ir a la iglesia, pensando "qué día tan maravilloso, mi esposa está de tan buen humor".

Aproximadamente media hora después, mi esposa salió de la habitación,

¡y estaba enojada! Caminó por la casa, tirando las puertas de las gavetas y los cajones de la vajilla. Y pensé, "¿Qué es esto? Estábamos teniendo tan buena mañana. ¿Qué podría haber salido mal?" Ella se movió un poco más, sin decirme nada. Levantamos a los niños y los vestimos y les dimos de comer. Y unos 20 minutos antes de que tuviéramos que irnos a la iglesia, pensé: "Tenemos que aclarar esto. No podemos ir a la iglesia molestos". Así que me acerqué a ella y le dije: "Cariño, pensé que estábamos teniendo una gran mañana. ¿Que sucedió?"

Me miró a los ojos, agarró las solapas de mi chaqueta y me dijo: "¡Mira! Cuando tu esposa desnuda entra en la ducha contigo, SIEMPRE significa que quiere tener relaciones sexuales contigo". Así que pensé, "Mmm ... ¡Oye! ¡Ahí está la señal!" Y luego dije: "Tenemos 20 minutos. ¡Vamos!" Pero ella no quería. Ella no estaba de humor.

¿Señales? ¡JaJa! Utilizo esta historia en mis talleres y la gente se ríe mucho. Pero la mayoría de los hombres pueden identificarse con no ver señales que no eran tan claras como las que yo tenía. El problema con la búsqueda de señales y letreros es que estamos tratando de saltarnos nuestra necesidad de aumentar la intimidad en nuestro matrimonio.

Hubo un estudio publicado en 2007 que intentaba descubrir los verdaderos estímulos que llevan a los hombres y mujeres al punto del deseo sexual. Lo encontré en mi periódico local. ("La Anatomía del Deseo", Oregonian, 11 de abril de 2007.) El estudio, que incluyó a investigadores de la Universidad de Utah, el

Centro de Adicciones y Salud Mental de Toronto y la Universidad de Amsterdam, se propuso descubrir qué desencadenó nuestro deseo por el sexo. Descubrieron que los hombres eran fácilmente estimulados y que necesitaban poca ayuda. Pero para las mujeres, esto es lo que encontraron:

... entre el 93 y el 96 por ciento de las 655 encuestadas respaldaron enérgicamente las declaraciones que vinculaban la excitación sexual con "sentirse conectada" o "ser amada por" una pareja, y con la creencia de que la pareja está "realmente interesada en mí como persona".

Los investigadores concluyeron que no había atajos para las mujeres. Lo que las mujeres necesitaban era intimidad. Necesitaban sentirse conectadas con sus parejas antes de poder involucrarse en la actividad sexual.

Entonces, la intimidad es lo que las mujeres necesitan. Pero no les pongamos toda la responsabilidad. Los hombres también necesitan intimidad. Simplemente no lo saben. Sin embargo, si los hombres se salieran con la suya todo el tiempo, el sexo se volvería aburrido. Tal vez ya se haya vuelto aburrido en tu matrimonio.

Un matrimonio o una relación centrada en el sexo por lo general solo dura aproximadamente un año. Miren cualquier matrimonio de Hollywood que ponga a un hombre apuesto líder con una hermosa modelo de lencería. Ya no nos sorprende cuando terminan esta relación rápidamente después de comenzarla. Los chicos piensan, "¿Está loco? ¿Quiere dejarla?" Por supuesto que están viendo este problema desde el punto de vista del sexo, cómo debe ser el sexo con una mujer tan hermosa. Las mujeres están pensando, "¿Está loca? ¿Ella quiere deshacerse de él?" Por supuesto que están viendo este problema desde el mismo punto de vista de cómo sería el sexo, pero también el romance, con un hombre tan apuesto. Pero la pareja de famosos se divide de todos modos. La razón: el sexo sin una relación íntima creciente se vuelve muy aburrido.

Entonces, hablemos de intimidad. Aquí están los conceptos básicos:

* La intimidad es el ambiente en el que se produce el sexo.
* El sexo es el acto físico que incluye los juegos previos, el coito y el resplandor posterior, diseñados para llevar a uno o ambos al clímax.
* La intimidad es el ambiente en el que las parejas se dan cuenta de una conexión emocional o espiritual.
* La intimidad no incluye necesariamente tener sexo, abrazarse, tocarse, besarse, acariciarse para la conexión emocional.
* El sexo está diseñado para tener lugar dentro de una relación íntima comprometida.
* La intimidad no está diseñada para prohibir el sexo—las parejas casadas íntimas celebran la intimidad con el sexo.
* La intimidad es un estilo de vida.

¿Ven la diferencia? Se aclarará a medida que avanzamos.

¡La intimidad es una cuestión de supervivencia! El sexo no es un asunto de vida o muerte. Y no, un muchacho no explotará si no tiene sexo. ¡Pero un hombre necesita intimidad, o podría morir!

Cuando nacemos en este mundo, nacemos de dos padres amorosos que piensan que somos las cosas más lindas que jamás hayan embellecido esta tierra. Nos abrazan, nos besan y nos hablan con sonidos de "gú-gú gá-gá" de forma infantil que ni siquiera nosotros entendemos. Pero nos hace sonreír. ¡BUM! Estamos en una relación íntima. Recuerda, la intimidad es el ambiente de cercanía o conexión. Inmediatamente nos conectamos con nuestros padres. El padre nos muestra el lado masculino de la vida, la visión dura y cognitiva de la vida. La madre nos muestra el lado más suave de la vida, la perspectiva suave y afectiva de la vida. Y, si no tuviéramos esta relación íntima con nuestros padres, moriríamos.

En la historia mundial, Fredrick II, el Emperador de Alemania y otras naciones vecinas a principios de los años 1200 (también llamado el Santo Emperador Romano) decidió que necesitaba saber qué idioma hablarían los bebés si nunca escuchaban hablar a sus padres. Se dice que buscaba descubrir qué lenguaje se le habría dado a Adán y Eva. El historiador de Fredrick escribió que él ordenó:

"Madres adoptivas y enfermeras para amamantar, bañar y lavar a los niños, pero de ninguna manera charlar o hablar con ellos; porque él habría aprendido si ellos

hablarían el idioma hebreo (que había sido el primero), o el griego, o el latín o el árabe, o tal vez la lengua de sus padres de quienes habían nacido. Pero trabajó en vano, porque los niños no podían vivir sin el aplauso de las manos, y los gestos y la alegría del semblante y los halagos".

Fredrick II nunca supo qué idioma hablarían los bebés si no estuvieran influenciados por los padres. ¿Cuál fue el motivo del experimento fallido? Todos los infantes murieron. Hoy sabemos qué mató a los bebés. Fue un problema médico. Se llama "fracaso para prosperar". Si un bebé no se sostiene, no se besa y no se le habla en un idioma gu-gu-ero, no va a prosperar. La intimidad es una cuestión de supervivencia.

Un niño necesita a su mamá y a su papá todo el tiempo que está creciendo. Una niña necesita a su mamá y a su papá todo el tiempo que está creciendo. Pero en un momento determinado de la vida, el niño y la niña tienen necesidades y deseos que los padres no pueden satisfacer, eligen abandonar el ambiente íntimo de la vida en el hogar, se unen con alguien del sexo opuesto y comienzan una nueva relación íntima. Juntos se enfrentan al mundo. Son una pareja que influirá en la humanidad al ser un beneficio para la sociedad. La intimidad se mantiene y sigue creciendo. Es el círculo de la vida.

El sexo también entra en este nuevo matrimonio. Comienza como una celebración de la relación comprometida. ¡Y es hermoso y maravilloso y pasa mucho! Y la pareja sigue acercándose cada vez más. ¡Es genial ser un recién casado!

La fisiología de la intimidad y el sexo. Para desempañar más el matrimonio, debemos entender lo que nos sucede durante el sexo. No solo el éxtasis del orgasmo, sino la conexión espiritual y emocional que experimentan las parejas. Así es como lo explico en consejería y en nuestros talleres matrimoniales.

El corazón en esta imagen es la parte más tierna de tu corazón. Es donde sucede el sexo. El sexo ocurre allí debido a la emoción sentimental de dos seres que se acercan lo más humanamente posible.

Los anillos alrededor del corazón son las barreras protectoras autoimpuestas que protegen esa parte más sensible. Tú decides qué tan cerca se acerca cada persona a ti. Entonces, recibes una llamada, a la hora de la cena,

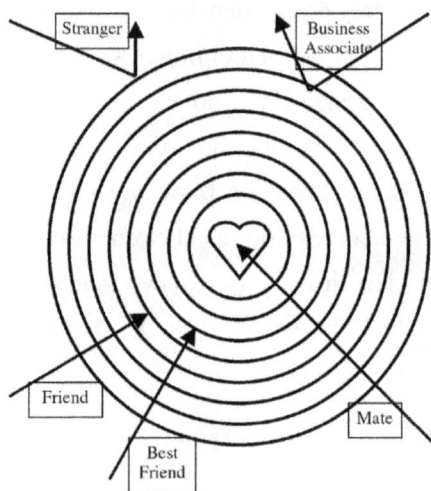

de un tipo que acribilla tu apellido y te habla como si fuera un viejo amigo: "¡Hola, Sr. Smith! ¿Cómo estás hoy?". Es un vendedor. Él está tratando de venderte algo, a pesar de que casi siempre dicen: "No estoy tratando de venderte nada". ¿Qué haces? ¿Te sientes mal por este intruso y tratas de decepcionarlo educadamente? ¿Te inventas alguna excusa para decir que ya tienes su producto? ¿Te abres y dices algunas verdades acerca de estar sin trabajo o que las facturas se están desbocando? ¡No! Simplemente dices: "No estoy interesado" y cuelgas. No es una mentira. No tienes que activar este interruptor en una conversación educada. Es un vendedor que ha interrumpido bruscamente tu cena. ¡Cuelga! Para eso son las barreras. Nunca permitirías que un extraño se acerque tanto a tu vida.

Un socio de negocios es un poco diferente. Has forjado una relación y puedes sentirte cómodo revelando un poco más sobre ti mismo. Podrías hablar de tus hijos, cumpleaños, gustos y disgustos. Pero eso es todo.

Permitirías que un amigo se acerque a tu corazón. Podrías compartir esperanzas y sueños, pruebas y éxitos. A un mejor amigo se le permitiría acercarse más a tu corazón. Tus profundos secretos pueden ser compartidos. Puedes reír y llorar con esta persona porque te sientes muy cómodo.

Pero cuando te casas, abres voluntariamente todas las barreras a la parte más tierna de tu corazón. ¿Por qué? Porque la intimidad ha crecido. Te sientes cómodo. Te permites a ti mismo ser vulnerable. No hay más secretos. No hay nada más oculto. Tu vida, tu yo, tu todo está completamente abierto a tu pareja. Entonces el sexo sucede. Y es hermoso.

Ahora, reflexiona sobre estas preguntas en tu mente.

#1: Si esta tabla es verdadera, ¿por qué esperar hasta el matrimonio para tener relaciones sexuales? ¿Podría ser que el sexo, porque permite que alguien entre en la parte más tierna de ti, debería suceder solo cuando se construye la confianza? ¿Y cómo se construye la confianza? Hablando, comunicando, esperando y soñando. Estas son descripciones de la intimidad.

#2: Si esta tabla es verdadera, entonces ¿por qué permitir que alguien LENTAMENTE entre en tu corazón? ¿Podría tener algo que ver con la construcción de la confianza? ¿Cómo se construye la confianza? Necesitas tiempo para aprender sobre la otra persona. Necesitas tiempo para sentirte cómodo en todo acerca de él / ella. ¡Lo más importante en el matrimonio no es el sexo! Lo más importante en el matrimonio es la intimidad. Toma tiempo para construir esta intimidad (compromiso, cortejo) para que puedas abrir libremente todas las barreras.

#3: Si esta tabla es verdadera, ¿qué deberías poder disfrutar antes, durante y después del coito? ¡Seguridad! Debes estar seguro de que lo que tú y tu cónyuge compartan no se compartirá con nadie más, ya sea físicamente (el asunto) o vocalmente (compartiendo sus secretos con otros).

Cortocircuito en la intimidad y el sexo. El cuadro anterior mostraba la situación ideal de una pareja que espera hasta el matrimonio para tener relaciones sexuales. Pero sabemos que la mayoría de la gente no espera. De hecho, se estima que, en general, entre el 85 y el 90 por ciento de todas las parejas tienen relaciones sexuales antes de casarse. Esta estadística es sorprendentemente verdadera incluso entre las personas religiosas que tienen un "llamamiento divino" para permanecer puros hasta el matrimonio. ¿Por qué es esto? Porque la mayoría de las personas tienen una idea confusa de que el sexo es una prueba de amor. En lugar de perseguir la intimidad, la fe, la confianza y la seguridad, las personas se abren camino hacia el corazón de otra persona para tener relaciones sexuales. Esto solo trae un nuevo conjunto de problemas, problemas que afectarán las relaciones futuras.

La siguiente tabla ilustra un asalto en el corazón de uno. En lugar de permitir que una persona desarrolle un compromiso y abra voluntariamente todas las barreras, alguien ha forzado su camino hacia la parte más tierna del corazón. El asalto, por supuesto, incluye toda la actividad ilegal de delincuentes sexuales en nuestra sociedad—el violador, el abusador de niños. Recuerda, el sexo fuera de una relación comprometida se vuelve aburrido. Así que el criminal, para seguir estando satisfecho en sus malas actividades, necesariamente debe volverse más desviado y más violento. Asalto también incluye al joven que presiona a su novia para que tenga relaciones sexuales. Cuando tiene éxito en esto, se ha enseñado a sí mismo: "Bueno, así es como son las chicas. Tengo que engañarlas o forzarlas para tener relaciones sexuales". Él tomará esta actitud más adelante

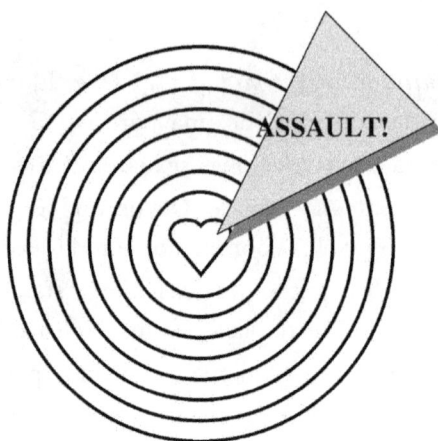

en el matrimonio y tratará a su esposa de la misma manera. Para la joven que se da por vencida después de intentar luchar contra el novio persistente, ella comenzará a creer "Bueno, así es como son los chicos. Tienen que engañarme y forzarme". Ella adoptará esta actitud más adelante en el matrimonio y tal vez temerá tener relaciones sexuales, esperando a que su marido la obligue.

El sexo debe ser una cosa hermosa. Debe ser agradable y satisfactorio. Debería ser una celebración de una relación creciente e íntima. Nunca intentes evitar la única cosa que hace que el sexo sea tan bueno: ¡la intimidad!

Entonces, ¿dónde puedo conseguir algo de intimidad? Aquí hay algunas maneras en las que ustedes pueden fortalecer su intimidad:

• Tengan conversaciones profundas. Las mujeres hacen conexiones a través de la comunicación.

- Resuelvan los conflictos tan pronto como aparezcan. Los malos sentimientos o rencores dificultan la intimidad.
- Trátense como de la realeza. Incluso cuando estén en desacuerdo, sean respetuosos de cómo hablan y cómo actúan.
- Compartan los pasatiempos y actividades de cada uno.
- Sueñen con su pareja. Hagan planes para un crucero o safari una vez en la vida.
- Tóquense y abrácense.

Hay una forma especial de aumentar la intimidad. Pero primero tienen que contestar el cuestionario de sexo/intimidad.

Bueno, para la pregunta #1, he escuchado de 5 a 30 segundos. Pero si su respuesta cae entre esos dos números, están muy lejos. Un hombre casi siempre está listo para el sexo. La mujer es una persona más complicada. Para la pregunta #2, esto

---

Cuestionario de intimidad:

¿Cuánto tiempo le toma al hombre prepararse para el coito?

¿Cuánto tiempo le toma a la mujer prepararse para el coito?

¿Cuánto tiempo después del sexo le toma al hombre perder temporalmente interés en la intimidad?

¿Cuánto tiempo después del sexo le toma a la mujer perder temporalmente interés en la intimidad?

puede tomar de 30 minutos a varias horas para que ella esté de humor para el coito. Los hombres son como los microondas, listos y rápidos. Las mujeres son como ollas de barro, tomándose un tiempo para calentarse y hacer el trabajo. O tal vez los hombres son como internet de banda ancha, siempre encendidos, mientras que las mujeres son como una conexión de acceso telefónico a Internet. Toma mucho tiempo.

Para la pregunta #3, los hombres se vuelven desinteresados, temporalmente, casi inmediatamente después del orgasmo. Incluso secretan una enzima en sus cerebros que hace que quieran dormir. Por lo tanto, quedarse dormido después del coito es normal y natural. Pero para la pregunta #4, las mujeres tardan mucho más en desinteresarse en el sexo. Miren este cuadro. Las mujeres tardan más en llegar al punto del orgasmo, luego tardan un poco en descender del punto alto emocional que experimentan en una conexión íntima / sexual / orgásmica total con su pareja.

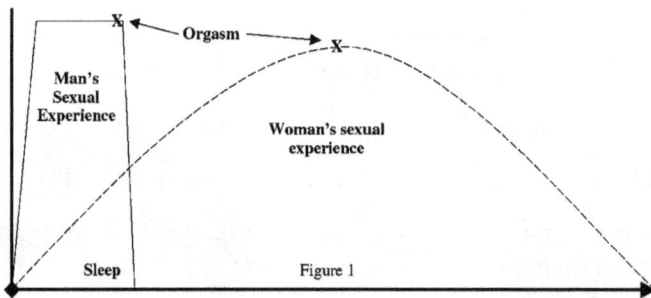

Figure 1

¿Qué pasaría si (como en la Figura 1) el hombre salta al sexo, tiene un orgasmo y luego se detiene antes de que su esposa esté a medio camino del orgasmo? ¿Qué tal la frustración, la decepción, la infelicidad y el rechazo? ¿Es así como quieres que se sienta tu esposa durante el sexo?

Ahora mira la siguiente tabla. Digamos que el hombre cuida mejor a su esposa a medida que crece hacia el orgasmo. Y tal vez si no se trata de un orgasmo simultáneo (lo cual es bastante difícil para algunas) alcanzan el clímax casi al mismo tiempo. Pero, si el hombre se duerme en ese momento, ¿qué le sucede a la esposa? Ella todavía está bajando de lo alto. Ella quiere acurrucarse. Ella quiere disfrutar de la cercanía. Ella quiere sentir su mano acariciando suavemente su mejilla y frente. Chicos, este es el momento perfecto para hacer crecer la

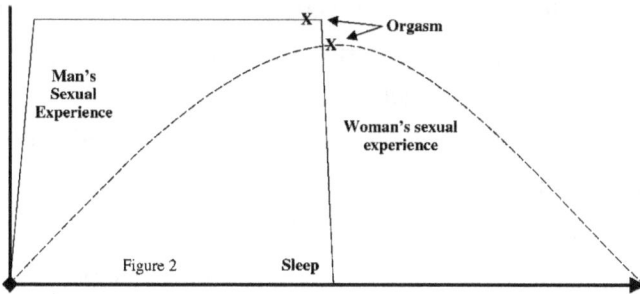

Figure 2

intimidad en su matrimonio. Si luchas contra la necesidad de darte la vuelta y dormir, puedes ayudar a que la intimidad se vuelva más fuerte después del sexo de lo que era antes del sexo. Y qué bendición para la próxima vez que te acerques a ella para tener relaciones sexuales.

Espero que la intimidad y el sexo se están aclarando más para ustedes. La niebla se está levantando y pueden ver las posibilidades de tener una gran intimidad y una gran vida sexual. Aquí hay algunos pensamientos finales:

- **El sexo comienza en la cocina.** No es que tengan relaciones sexuales en la cocina ... a menos que quieran tener relaciones sexuales en la cocina. Pero esto significa que crear una atmósfera de intimidad es un asunto de todo el día. De hecho, es un estilo de vida que debe ser adoptado. No sean solo amorosos cuando quieren sexo. Construyan la intimidad en cada momento que puedan.

- **No miren a su pareja como un objeto sexual, sino como un compañero de vida.** Las personas religiosas pueden objetar: "Pero ahora estamos casados. Puedo codiciar a mi esposa, ¿no?" Bueno, sí y no. Ahora que están casados, la lujuria no está prohibida. Pero cada vez que haces lujuria y persigues la lujuria, conviertes a tu pareja en un objeto para jugar. Esto nunca es bueno.

- **Pasen mucho tiempo hablando de intimidad.** Las parejas deben tener conversaciones profundas a menudo. Deberían hablar de esto una vez al mes más o menos. Hablen sobre lo que les ha gustado y disgustado, lo que podría faltar en su relación.

- **Inviertan mucho tiempo motivándose y fortaleciéndose.** Esto tiene mucho que ver con la construcción de la intimidad, la cercanía.

- **Si alguna vez se sienten frustrados por su vida sexual, no trabajen en el sexo, trabajen en la intimidad.** El sexo debe ser una celebración natural de una relación íntima fuerte.

Hay un viejo dicho, o tal vez lo inventé, que dice así: *la intimidad es como un pastel, y el sexo es como el glaseado del pastel*. Si esto es cierto, entonces, ¿qué sabor de glaseado debes poner en tu pastel? ¿Chocolate? ¿Crema batida? ¿Fresa? Bueno, aquí está la respuesta correcta:

¡Cualquier tipo que les guste, siempre y cuando sea placentero para ambos!

No hay reglas, en ninguna parte, sobre lo que una pareja puede o no puede hacer en el dormitorio (a menos que se convierta en una actividad ilegal). Como pareja casada, ustedes son libres de hacer lo que quieran. Pero esto debe ser guiado por este mantra. Si no es placentero para su pareja, no lo haga, no lo intente, no hable de ello. Incluso en la intimidad y el sexo, estás en esto como un servidor. "¿Qué puedo hacer para hacer feliz a ella / él?"

Junto a los asuntos financieros, el sexo es el tema más discutido y peleado en el matrimonio. Comprender dónde están diseñados la intimidad y el sexo para encajar en el matrimonio hará que la mitad de sus problemas desaparezcan. La niebla está a punto de levantarse.

Las Siete Etapas Naturales del Matrimonio

¡EL CONOCIMIENTO ES LA CLAVE! El matrimonio es un organismo vivo, cambiante, en crecimiento. Es una relación viva, cambiante, creciente. Todos los matrimonios, en general, pasan por los mismos altibajos. Comprender estas etapas naturales lo ayudará a prepararse para cuando ocurra el cambio y le dará el conocimiento de los cambios necesarios para que su matrimonio sea más fuerte hoy de lo que era ayer.

Etapa Uno: ¡Amor puro! Esto abarca el momento justo antes de casarnos y justo después de la boda. Cuando nos enamoramos, entramos en la primera etapa del matrimonio. A pesar de que las parejas no suelen casarse 10 minutos después de haberse conocido, estas entran en una relación que naturalmente conducirá al matrimonio. Puede que no lleguen hasta el altar. Pero consideren esto: muy pocos matrimonios comienzan sin un tiempo dedicado al romance y al noviazgo. Esta es la etapa del amor puro.

Ahora, les daré la verdadera definición de amor. ¡Memorícenlo! ¡Me lo agradecerán por siempre! De nuevo, aquí está la definición técnica de amor puro:

Hacer Cosas El Uno por El Otro

Esto es lo que pasó. Cuando ustedes se enamoraron por primera vez, naturalmente secretaron sustancias químicas en su cerebro que causaron un efecto similar al de una endorfina. ¡Era euforia! Estaban en su punto alto—enamorados. O al menos, así es como se sentía. Pero el sentimiento no era amor en absoluto. Lo importante a notar es lo que el sentimiento te hizo hacer. Comenzaste a hacer cosas por la persona de quien estabas enamorado. Ya sabes, los regalos, los poemas, el caminar de la mano a la luz de la luna. El hacer cosas era amor. Amor significa que consideras a la otra persona tan valiosa que estás dispuesto a HACER cualquier cosa por ella. Pero luego, cuando hiciste algo fuera de lo común, de la nada, sin esperar nada a cambio, experimentaste otra sensación: "euforia de satisfacción" porque hiciste feliz a otra persona. Esta sensación es el resultado natural de la actitud de servir. Entonces, esto es lo que realmente sucede: te "enamoras" o vuelas por esta persona que has elegido. Practicas el

> **Dr. Bob Verdades #5:**
> El amor significa que te considero tan valiosa que estoy dispuesto a hacer cualquier cosa por ti.

verdadero significado del amor "haciendo cosas el uno por el otro". Luego experimentas la satisfacción natural incorporada en cada acto de amor.

¿Recuerdas cuando te enamoraste y toda la emoción de compartir y cuidar el uno por el otro? Algunos dirán, "¡Sí! Eso es lo que quiero. Quiero esa sensación de enamorarme de nuevo. Quiero recuperar esa emoción". Bueno, no puedes. La invasión química de tu cerebro que ocurre en el momento en que te enamoras se diseñó para impulsar tu matrimonio. Los químicos, el punto alto, te dan ganas de hacer cosas por la otra persona. Y dado que el punto alto suele durar entre 18 meses y tres años, tienes tiempo suficiente para realizar estos hábitos de actos de servicio que durarán toda la vida. Tu relación va más y más profundamente en la intimidad y la conexión. Y, lo que se supone que sucederá, cuando ese punto alto se desgaste, es que continuarás realizando actos de servicio debido a la relación íntima y cercana que han desarrollado y la satisfacción que siente después. Y profundizarás más y más en tu relación amorosa.

El Dr. James Dobson, destacado psicólogo, le dijo a un grupo de adolescentes en su serie de videos El mito del sexo seguro: "Todo en la relación hombre / mujer está diseñado para llevar al coito". Piénsalo. Esto es absolutamente cierto.

¿Recuerdas el sentimiento extático que experimentaste cuando conociste a esa persona especial? Fue grandioso. Pero después de un tiempo, reunirse con él / ella no fue tan agradable. Así que fuiste más profundo. ¿Recuerdas la primera vez que tomaste de la mano a alguien del sexo opuesto? ¿No fue genial? Pero después de un tiempo no fue tan satisfactorio. Así que fuiste más profundo, los brazos alrededor de los hombros, los brazos alrededor de las caderas.

¿Recuerdas la emoción de tu primer beso? ¿Practicaste en el espejo como yo? Recuerdo que había una niña en mi iglesia que era tres años mayor que yo, e hicimos una cita para reunirnos después de la iglesia, en el sótano del edificio de la iglesia, y besarnos. Bueno, no quería que ella pensara que era un completo imbécil, así que fui a casa y practiqué besos. Esa noche apenas podía concentrarme en lo que estaba pasando. Cuando la iglesia terminó, bajé las escaleras para el arreglo previo, el primer beso. Recuerdo que no hablamos mucho sino que fuimos directo al beso. Fue bueno ... pero algo de su saliva se metió en mi boca. ¡Me enfermó! ¡Iuuu! Pensé que iba a vomitar. Pero ... pronto lo superé. Besarse se volvió natural y muy placentero. Pero después de un tiempo, incluso los besos no fueron tan satisfactorios y agradables como al principio.

¿Ven cómo funciona todo esto? Es por eso que debemos advertir a nuestros adolescentes sobre este fenómeno natural para que no vayan muy lejos de un matrimonio comprometido. Los adultos, debemos tener cuidado también. La mayoría de las aventuras suceden con alguien en el lugar de trabajo. Coqueteamos inocentemente con alguien del sexo opuesto algún día. Es genial. Es placentero Pero la próxima vez no es tan placentero, por lo que vas a profundizar. Así es como estamos diseñados. Tengan cuidado.

Volviendo a la etapa uno. El amor puro es cuando hacemos cosas el uno por el otro. Es un gran momento de la vida. Pero recuerden, el sentimiento no es amor. ¡El hacer es amor!

Etapa Dos: Celebración. Esta etapa abarca los dos primeros años de matrimonio. Todo sobre esta etapa es una celebración. Comienza con esa boda romántica que se soñó y planificó durante meses. La familia estaba allí. Los amigos estaban allí. Fue festivo. Fue glamoroso. Fue una celebración.

La luna de miel es una celebración. La pareja de recién casados se va a lugares emocionantes, o lugares no tan lejanos, para celebrar su unión. El sexo es una celebración del amor. El compañerismo es una celebración del amor. La aventura es una celebración del amor. Bueno, entienden el punto. La nueva pareja celebra por todo lado.

El primer apartamento o casa es una celebración. Muchas de las mujeres cambiarán sus apellidos y tomarán el apellido del esposo. ¡Celebración!

Esto es lo que hace toda esta celebración para la pareja:

- **Cementa aún más la relación.** La boda los une, pero el hecho de irse solos hace que la unión sea aún más fuerte.
- **Hace que servir sea fácil y placentero.** La pareja

comienza a servirse el uno al otro porque se siente tan bien. Eso es lo que hace el punto alto químico por ellos. Hacer cosas el uno por el otro se convierte en una forma de vida.

- **Trae felicidad al nuevo hogar.** Esto es como una fiesta de dos años. Hay romance, mucho sexo, mucho compartir y muchos sueños. Viven en un sueño de cuento de hadas.

- **Aporta seguridad al matrimonio.** Cada vez que sucede algo especial, la pareja gana más confianza en que este matrimonio es genial, fantástico y que durará toda la vida.

- **Comienza el proceso de unicidad.** Por cada día que pasa, por cada acto de servicio que se realiza, y por cada momento de celebración, la pareja se acerca más y más. Esto es la construcción de la intimidad de una manera fuerte y saludable. Entonces, ¿qué crees que sucede cuando una pareja sigue acercándose? Eventualmente desaparecen uno en el otro y se convierten en uno. Este es el objetivo final. Las parejas en la etapa dos tienen una gran ventaja en este proceso.

Hay algunas parejas que experimentan problemas en los primeros dos años de matrimonio. Si eres una de esas parejas, no te preocupes. Los problemas te llegaron antes que la mayoría de las parejas. No es que no haya esperanza. Pero solo sepan que la mayoría de las parejas se lo pasan en grande durante esos dos primeros años de matrimonio. Ya saben, antes de que todo se estrelle…

Etapa Tres: ¡La Lucha por el Poder! Esta etapa abarca el tercer y cuarto año de matrimonio. Aquí hay algunas estadísticas alarmantes sobre el tercer año:

- De los matrimonios jóvenes que terminarán, muchos terminan en el tercer o cuarto año.
- El punto alto químico que se produce cuando una persona "se enamora" dura entre 18 meses y tres años.
- De aquellas parejas que viven juntas antes de casarse, la mayoría se casarán en el tercer o cuarto año después de mudarse juntos, y tendrán más del 50 por ciento de posibilidades de divorciarse que las parejas que no vivieron juntas antes del matrimonio.
- El tercer año de matrimonio suele ser el peor para muchas parejas.

¿Aterrorizados? Bueno, no tienen que estarlo. La mayoría de las parejas que ven que sus matrimonios sufren y fracasan durante ese tercer o cuarto año de matrimonio no entienden lo que está pasando. Y, no saben qué hacer con lo que no entienden. En consecuencia, muchos optan por el divorcio, asumiendo que simplemente dejaron de amarse, o que "simplemente no estaba destinado a ser", sea lo que sea que eso signifique.

Debido a que ustedes están leyendo este libro, ya tienen una ventaja sobre aquellas parejas cuyos matrimonios fracasan en esta etapa porque aprenderán los secretos de lo que está sucediendo aquí. Y, no es ciencia espacial. Si puedo averiguarlo yo, ustedes también pueden.

Los grandes culpables en esta etapa son esos químicos del cerebro. Enamorarse causó la secreción natural de aquellas cosas que produjeron un sentimiento de "gran enamoramiento". Hicieron que quisieran hacer cosas el uno por el otro, lo que a su vez les proporcionó la satisfacción de experimentar el verdadero amor. Con el desvanecimiento de esos productos químicos después de unos dos o tres años, el "querer" o el "desear" hacer cosas el uno por el otro ya no existe.

> **Dr. Bob Verdades #6:**
> La relación de matrimonio siempre es FLUIDA. Ustedes se hacen más cercanos o se distancian más. El matrimonio nunca se estanca.

Simplemente no es tan divertido.

El esposo se despierta una mañana y nota que algo ha cambiado. "Le estoy dando mucho más a este matrimonio de lo que recibo". Entonces, él se aleja de las cosas que estaba haciendo por su esposa. La esposa se despierta una mañana y nota lo mismo. "Estoy dando mucho más de lo que recibo". Ella también se aleja de las cosas que estaba haciendo por su esposo. Ya, la pareja tiene una brecha en su matrimonio. Y cada día que pasa con el esposo y la esposa haciendo menos el uno por el otro, la brecha se ensancha. Eventualmente, llegan al punto en que ya no se conocen entre sí. Son extraños en su propia casa. Se preguntan qué salió mal con su pareja.

¿Dejaron de amarse? ¡Sí! Recuerda, el amor no es el sentimiento, es el hacer. Y dejaron de hacer.

Ahora, se retiran intencionalmente el uno del otro, y todo tipo de cosas malas vuelan por sus mentes.

Estos producen:

- **Límites silenciosos.** Es casi como si dijeran: "Bueno, si él no va a hacer esto, yo no voy a hacer aquello". Dibujan una línea en la arena y se desafían mutuamente a cruzarla. Pero como no se comunican, ninguno sabe lo que quiere el otro.

- **Ataques verbales.** "Ya no me amas". "¿En qué estaba pensando casándome contigo?" "Estás matando nuestro matrimonio". La severidad de las palabras utilizadas sugiere la severidad de los sentimientos. Para cuando llegan, están muy heridos.

- **Escenarios imaginarios.** La pareja mira hacia atrás en busca de pruebas que se perdieron. "Debía haber sabido que ella me trataría como basura por lo que sucedió ese día en la playa". "Él me odia. Probablemente está buscando a alguien más en este momento". Una vez que la mente comienza a vagar por la tierra imaginaria, los problemas de la pareja continúan aumentando.

- **Normas imposibles.** Ambos imaginarán un estándar que el otro debe alcanzar antes de que puedan sentirse seguros de volver a amar. Los estándares se establecen altos. "Cada vez que ella decide hacer _____, entonces yo haré_____". Pero, una vez más, dado que ninguno de los dos está hablando con el otro, ninguno de ellos conoce los estándares y ambos seguirán fallando.

Por cierto, si todo este problema es causado por parejas que dejan de servirse, ¿cuál es la solución al problema? ¡Comencemos a servirnos de nuevo! La mitad de sus problemas simplemente desaparecerán. Podemos ayudarles a solucionar los otros conflictos.

Lo que sigue también sale mal durante este tiempo, y tiene que ver con esos químicos "muy enamorados". Cuando una persona se enamora, no se vuelve ciega como el concepto de "el amor es ciego". Lo que sucede es que cada uno ELIGE ignorar las faltas y los hábitos irritantes del otro. Se sienten demasiado bien para molestarse con semejante trivialidad. Pero cuando el alto desaparece, ELIGEN no ignorar esas fallas por más tiempo. Si esto es cierto, ¿cuál es la solución a este problema? ELIJAN de nuevo pasar por alto las faltas del otro. Esos hábitos irritantes solo son irritantes cuando sigues insistiendo en ellos con la negatividad. ¡Deténganse!

Los problemas que surgen durante esta etapa son fáciles de entender. La solución a los problemas se ve fácilmente. La parte más difícil es hacer que la pareja haga lo que se supone que deben hacer. El punto alto químico ya no está allí. Algo más debe motivar a la pareja para que se sirvan mutuamente. El compromiso marital debe ser esa motivación. Si la pareja decide servirse de nuevo, los buenos sentimientos que surjan a causa del servicio regresarán. Si una pareja puede hacer estas cosas, y superar el tercer y cuarto año de matrimonio, tienen una gran posibilidad de que sea "... hasta que la muerte nos separe".

Etapa Cuatro: La Rutina Diaria. Esta etapa generalmente abarca desde el cuarto hasta el décimo año de matrimonio. Las parejas en esta etapa se dan cuenta de que hacer que un matrimonio funcione requiere constante atención y mucho arduo trabajo. Ya no intentan cambiar a la otra persona, o se preocupan tanto por la razón por la cual la otra persona no está cambiando, simplemente comienzan a trabajar duro el uno por el otro. Esta es la etapa en la que los niños comienzan a aparecer. Mamá y papá necesitan llevarse bien para que los niños puedan tener un hogar feliz en el que puedan crecer. La pareja sana ve la importancia de servirse mutuamente y comienza a poner más energía en esto.

Y hablando de energía, aquí hay un hecho extraño. ¿Sabías que se necesita menos energía para servir a alguien que para ser servido? En otras palabras, en realidad gastas más energía sentado esperando a que te atiendan que si te levantaras e hicieras algún acto de servicio. ¿Por qué? Porque, cuando tú eliges ser un servidor (no un esclavo), tienes que elegir qué hacer, cuándo hacerlo, con qué frecuencia y la duración del acto de servicio. Tienes el control. No hay estrés. Pero cuando esperas a que te sirvan, NUNCA estarás satisfecho. El que te está sirviendo no lo hará exactamente como lo deseas, no lo hará con la frecuencia suficiente o no hará todo lo que deseas. Mucho estrés entra en tu mente y corazón. La miseria sigue. Tal vez es por eso que muchos reyes en la historia se volvieron locos hacia el final de sus vidas. Eran miserables sentados a la espera de ser atendidos. Cuando concentras toda tu energía en ti mismo, siempre serás miserable.

Consideren la historia de John D. Rockefeller, Sr.. Escuché esto en uno de los programas de "El resto de la historia" de Paul Harvey. Parece que como presidente de la gran Standard Oil Trust en la década de 1800, este fue uno de los hombres más ricos del mundo y también fue un hombre muy odiado. Se sabía que había presionado a otras compañías petroleras para que le vendieran o enfrentarse a la quiebra. Los trabajadores petroleros en el campo quemarían los retratos de Rockefeller para mostrar su odio hacia él. La riqueza y el poder vinieron a este hombre, pero no así la paz mental. Parece que cuando Rockefeller tenía 53 años estaba cerca de la muerte. Solo podía comer galletas con agua. La noche que pensó que iba a morir, tuvo un pensamiento brillante. Se dio cuenta de que no podía llevarse ninguna de sus riquezas con él. Así que esa noche determinó que, si vivía otro día, comenzaría a regalar su gran riqueza. Sobrevivió esa noche e hizo lo prometido. La Universidad de Chicago fue fundada. Millones entraron en investigación médica. El dinero que Rockefeller donó a la ciencia médica se acredita con la erradicación de la anquilostoma y la fiebre amarilla en los Estados Unidos. La Fundación Rockefeller hoy en día sigue siendo una de las organizaciones benéficas más grandes del mundo. Debido a que comenzó a regalar su fortuna, John D. Rockefeller, Sr. sobrevivió sus años 53, 54 y 55 de vida. Finalmente murió ... un mes antes de cumplir 98 años.

El egoísmo destruye. El desinterés te hace fuerte y saludable.

Etapa Cinco—Poniéndose en Forma. Esta etapa abarca desde el décimo hasta el vigésimo quinto año de matrimonio. Es en este momento que la pareja comienza a darse cuenta de que cada uno tiene dones únicos que aportan al matrimonio y a la familia. La pareja se une en manifestación para presentar un frente unido contra los problemas que surgen durante esta etapa. Los niños están creciendo y requieren más atención. Las profesiones toman más tiempo. Las facturas son mayores. La jubilación no está muy lejos. Si la pareja no se vuelve más fuerte durante este tiempo, serán despedazados.

El mayor problema aquí es definitivamente los niños. Los niños nacen en este mundo siendo egoístas. Exigen comodidad cuando se sienten incómodos. Lloran cuando quieren comida, pañales limpios y dormir. Y a medida que crecen, intentan seguir siendo egoístas y resisten las demandas de los padres de "¡Madura ya!". Continúan practicando lo que aprendieron en las etapas de bebés y niños pequeños: cómo jugar a mami contra papi para obtener lo que quieren. Luego vienen los años de la adolescencia. Las hormonas están desenfrenadas. Cada adolescente cree que él / ella ha alcanzado el nivel de madurez que debería permitirles estar solos, mientras ustedes pagarán todos los gastos, por supuesto. Los adolescentes, muchas veces, son gruñones, miserables y horribles a los padres. Ellos realmente creen que ustedes son las personas más estúpidas que alguna vez caminaron sobre la faz de la tierra.

Así que nos defendemos con los discursos paternos. "¡No le hables a tu padre de esa manera! ¡Trátalo con respeto!" "Si todos tus amigos saltan al abismo, ¿tú también?" o "Cuando tengas tus propios hijos, ¡espero que sean JUSTOS COMO TÚ!". Todo lo que parece que logramos con los adolescentes es hacerlos enojar. Y todo lo que parecen hacer es hacernos enojar. Si la pareja casada no se une en equipo, serán destrozados.

Intenta esto la próxima vez que tu hijo adolescente se vuelva loco con ustedes. Dale algo de empatía, luego algunas consecuencias. No sabrá qué fue lo que lo golpeó. Digamos que su adolescente dice esto: "No sé por qué no puedo salir esta noche. ¡Eres tan estúpido!" En lugar de enojarte, dile esto con voz empática: "Oooooo, eso es muy triste. Debes sentirte muy mal por hablarme así. Oooooo, eso es muy triste. Y esa fue una muy mala decisión que tomaste al decidir llamarme estúpido. Oooooooooooo. Bueno, eso me desanimó bastante. Así que supongo que tendrás que hacer estas tareas por mí". Luego, presenta al adolescente una lista de tres a diez tareas. La empatía desarmó la situación. No te enojaste, entonces el adolescente no ganó. Además, le diste consecuencias por su comportamiento irrespetuoso. (Para obtener más información sobre esta forma de manejar a niños de todas las edades, busque un taller para padres llamado Parenting with Love and Logic®).

Las parejas que se unen en esta etapa del matrimonio se dan cuenta de que el matrimonio no tiene por qué ser tan difícil. Puede ser muy divertido. Los niños pronto se irán y pueden esperar otra etapa de luna de miel.

Mi esposa y yo, mientras escribo este libro, tenemos un hijo todavía viviendo en casa. Aunque estamos en la sexta etapa del matrimonio, todavía estamos trabajando duro para presentar un frente unido contra la persona adolescente que vive en nuestro hogar. Él se irá a la universidad en unos cuantos meses. Estamos deseando que llegue. De hecho, vamos a hacer una fiesta.

El matrimonio puede ser muy divertido. Se pone aún mejor cuando tus hijos tienen hijos. Hay dos razones principales por las que los nietos son tan divertidos. Primero, puedes jugar con ellos, echarlos a perder y devolverlos. Y, se hacen JUSTO COMO ELLOS.

Etapa Seis: Dos Se Convierten en Uno. Esta etapa abarca los 25 años de matrimonio y más allá. Cuando una pareja sigue acercándose más y más cada año que pasa, el resultado natural es que algún día desaparecerán uno en el otro. Se convierten en uno. Esto no significa que ya no sean individuos con derechos propios. Pero lo que sí significa es que saben que servir a otro brinda las mejores recompensas en la vida. La actitud de la pareja se adapta cada vez más a las necesidades y deseos del otro. Es un gran momento de la vida.

La Etapa Seis es el mejor y más satisfactorio momento de la vida. Hay demasiadas cosas para disfrutar, entonces, ¿por qué perder el tiempo preocupándose por las pequeñas cosas que preocupan a las parejas más jóvenes? Hay nietos para jugar. Hay aventuras para experimentar. Las parejas mayores disfrutan de un gran sentido del humor. Tienen las mejores historias para reírse o usarlas para ayudar a las personas más jóvenes a entender la vida.

Las parejas en esta etapa de la vida se convierten en expertos del amor puro. ¿Recuerdan la definición? Es "hacer cosas el uno para el otro". A las personas mayores casadas les encanta dar y servir. ¡Son expertos!

Recuerdo hace unos años que mi hija me llamó y lloró por una factura que recibió. Era una adulta joven, ya fuera de la universidad, trabajando en su primer empleo. Ella seguía siendo mi hija, así que su llanto me rompió el corazón. Parece que durante la temporada navideña ella trabajaba a tiempo parcial para una tienda solo para ganar algo de dinero extra. Ella no ganó suficiente dinero para que la empresa sacara los impuestos sobre la renta. En abril supo que debía al Fisco $600. Por eso la llamada telefónica y el llanto.

Recuerdo que en el momento de esa llamada yo estaba desempleado. Mi desempleo me sorprendió, así que no estaba preparado. Pero tenía $600 en mi cuenta de ahorros. Después de hablar con ella por un tiempo le dije que le prestaría el dinero. Le di a entender que no tenía empleo y que necesitaba que me devolvieran el dinero lo antes posible.

Pregunta: ¿Crees que alguna vez volveré a ver ese dinero? No. ¿Crees que alguna vez le recordaré a mi hija este préstamo? No. ¿Por qué? Porque soy un experto del amor puro. Cuando le presté el dinero supe que realmente era un regalo. Y lo di sin esperar nada a cambio. (Krista, si estás leyendo este libro, no te sientas ni un poco culpable y no trates de devolvérmelo. Estamos bien. Recuerda, soy un experto en esto. ¡Te amo!)

Mi hijo mayor es un miembro de la Guardia Nacional Aérea de Oregon. Como Sargento Técnico, se ocupa de la aviónica en los aviones de combate F-15 que rugen dentro y fuera de la base aérea de Portland, OR. Gana bien, de hecho, ahora gana más que yo. Pero los domingos, cuando salimos a comer después de la iglesia, ¿quién paga la cena? Yo. Yo soy el experto. De vez en cuando mi hijo intenta quitarme la cuenta de la mano.

Y, de vez en cuando lo dejo ganar. Pero le digo: "Me gusta pagar la cena. Déjame pagar."

Aquí está la mejor parte de la Etapa Seis. Dado que un matrimonio saludable te hace feliz y saludable, el matrimonio es en realidad un regalo. De hecho, el mejor regalo que usted podría darle a su cónyuge es tener un matrimonio feliz. Espere un matrimonio duradero. Ponga un poco de esfuerzo y encontrará que mejora y mejora cada año.

Etapa Siete: Recuerdos Preciosos. Esta es la etapa del matrimonio en la que no queremos pensar. Este es el momento de la vida cuando uno de los cónyuges muere. Todavía llamamos a esto una etapa del matrimonio porque el amor conyugal no se detiene aquí. El amor no muere. Sigue adelante. Se vuelve más fuerte y eleva el amor y el amante al nivel de un campeón. Cambia, y adquiere una dinámica completamente nueva.

Cuando un esposo o esposa muere, el sobreviviente se ve obligado a cambiar la forma en que ama. El amor ya no es cara a cara. El amor está ahora en los recuerdos. Así se cuentan las historias. A amigos, familiares, hijos y nietos se les cuenta el asombroso amor que un hombre tenía por una mujer. Las historias traen esperanza y orientación a las generaciones futuras. De esta manera, el amor conyugal continúa.

La muerte también tiene una forma asombrosa de filtrar el amor. Usualmente recordamos solamente las cosas buenas. Usualmente compartimos solamente esas historias que elevarán y animarán a alguien. El amor, en los recuerdos, puede ser más fuerte de lo que era en la vida. Y sigue adelante.

Hay una pareja que conozco, Heston y Ruth Havens, que siguen enamorándose cada año más de su matrimonio. El 2 de junio de 2008 celebraron su 70 aniversario de bodas. Para mí representan el epítome del amor. Si alguna vez una pareja ilustrara la belleza del proceso de la unicidad, serían ellos. Yo podría haber usado esta historia en la última sección, en la Etapa Seis, donde dos se convierten en uno. Pero hay una hermosa razón por la que he incluido esta historia aquí. Van a llorar. Se los advierto.

Cuando era ministro en Portland, teníamos un retiro familiar anual. Durante ese retiro, teníamos un show de talentos. Y, cada año, Heston y Ruth se levantaban y recitaban un poema el uno al otro. Era tan hermoso. Era tan dulce.

Heston me dijo que comenzaron a recitarse este poema, en público, hace más de 50 años. El poema se titulaba "Deberías ir primero". Fue escrito por un orador maestro llamado A.K. Rowswell, la "Voz de los Piratas de Pittsburg". Rowswell, quien murió en 1955, publicó dos libros de poesía. Este poema fue su más famoso.

Quedarán impresionados por este poema. Habla de una pareja en la que uno o ambos están cerca de la muerte. Se están preparando para continuar amándose después de la muerte.

Llevé mi cámara a la casa de Heston y Ruth. Les pregunté si podían recitar el poema para que yo pudiera compartirlo en nuestros talleres.

No los había visto en un par de años. Ruth había sufrido una caída que afectaba su memoria. Ya ninguno de los dos podía recitar el poema de memoria. Con copias del poema en sus manos, lo dieron todo.

Encendí la cámara y les pregunté cuál era su secreto para un matrimonio largo y feliz. Heston dijo: "... la falta de egoísmo es la clave". También dijo: "50/50 no funciona, al menos no correctamente. Se requiere un esfuerzo del 100 por ciento de ambos para tener un buen matrimonio ... y eso hemos disfrutado".

Luego, con un poco de ayuda, Ruth comenzó. Su voz era firme y segura. Leyó las primeras cuatro líneas del poema. Heston seguiría con otras cuatro líneas. ¿Cómo terminaron el poema? Con un beso, por supuesto. El video de esta maravillosa pareja es una parte permanente de nuestros talleres de matrimonio. ¡Ojalá cada pareja pudiera tener el amor que ellos tienen!

Heston y Ruth siguen viviendo y disfrutando de la vida. Pero un día uno morirá antes que el otro. Pero ya han decidido lo que van a hacer. Mantendrán vivo su amor a través de recuerdos y compartiendo historias de amor conyugal. Qué maravillosa manera de completar la vida.

¿Cómo Se Mira
Realmente Un 'Problema'?

¡EL CONOCIMIENTO ES LA CLAVE! Para poder resolver un problema, debemos saber cómo se mira un problema. Si no tenemos este conocimiento, es posible que gastemos gran parte de nuestro tiempo y energía haciendo las cosas incorrectas para tratar de solucionar problemas y obtener resultados no deseados. En este capítulo vamos a analizar un problema. Una vez que lo abramos, veremos cómo comenzó, cómo avanzó, cómo se salió de las manos y cómo empeoró debido a un manejo inadecuado.

Así que estoy en mi habitación después de cortar el césped. Estoy sacando ropa en preparación para una ducha. Tiro mis dos calcetines a la cesta de ropa sucia. Uno de ellos entra, uno de ellos cae en el suelo. Me alejo sin pensar demasiado en eso. Mi esposa ve este evento y dice: "Oye, levanta tu calcetín".

Percibo un poco de paternidad dominante en su voz. Así que reacciono y digo: "Levántalo tú".

Bueno, a ella no le gusta lo que oye y dice en

voz más alta: "Es tu calcetín. ¡Recógelo!".

A lo que respondo, "Tú estás más cerca. ¡Recógelo tú!".

Durante los próximos minutos, ambos estamos elaborando inteligentemente las declaraciones astutas diseñadas para hacer que el otro se incline en sumisión y haga la acción que ninguno está haciendo. Después de un tiempo, digo algo increíblemente estúpido, como: "Recógelo tú, es trabajo de mujeres de todos modos".

Ella no contesta. Pero ella sale de la habitación y golpea la puerta. Me voy al baño y golpeo mi puerta. Entonces no nos hablamos durante unos tres días. Ninguno de los dos quiere romper el silencio y perder así este argumento que sacude el planeta. Solo hablamos de nuevo cuando ocurre otro incidente similar al calcetín en el piso. Y luego es solo otra guerra mundial en nuestro hogar.

Entonces, aquí estamos, una buena pareja amorosa, al borde del divorcio sobre qué: ¿un calcetín en el suelo? No obstante, yo soy un hombre sensato. Me imagino que el problema se puede resolver muy fácilmente. Iré a recoger el calcetín, que todavía está en su lugar, en el suelo fuera de la cesta en el dormitorio. ¡Está bien! ¡Fin de la historia! Pero eso simplemente no funciona. Mi esposa ve todo tipo de otros conflictos de los que también se debe hablar.

Para resolver este problema, debemos ver todos los diferentes aspectos del problema y resolver cada uno de ellos. Si intentamos corregir las acciones más pequeñas, como tirar un calcetín en el piso o tirar una puerta, pero no resolvemos los tres días de silencio, el problema nunca se resolverá. Y, si intentamos llegar a un compromiso sin discutir las palabras acaloradas que se intercambiaron, el problema no se puede resolver. Ya se puede ver que el problema casi ha superado a la pareja. Así que vamos a abrirlo y ver qué hay dentro. Entender el problema es la mitad de la batalla. La otra mitad del problema se puede resolver con una comunicación saludable.

Primero: Todo Problema Comienza con Egoísmo. El egoísmo es cuando uno piensa solo en sí mismo. También hace que mire con desprecio los pensamientos y sentimientos de otro.

Regresando al incidente con el calcetín en el suelo. ¿Cómo comenzó? Yo digo que era inocente. Fue un accidente. Mi puntería no fue tan buena como debería haber sido. Los accidentes ocurren. Pero el verdadero problema comenzó cuando me alejé del calcetín, sin preocuparme por lo que era correcto o decente. Yo estaba en mi propia tierra del la-la-la. El egoísmo, porque solo pensaba en mí mismo, comenzó el problema.

Pero el egoísmo también aumenta el problema y lo distorsiona. Mi esposa se unió y ayudó a que el asunto creciera desproporcionadamente. Ella también comenzó inocentemente. Ella vio una injusticia y ofreció palabras que corregirían la situación: "Oye, levanta tu calcetín". Ahora, ya he admitido ser egoísta al comienzo del problema. Pero empeoré las cosas reaccionando a las palabras de mi esposa, las cuales me ofendieron. El egoísmo me hizo contestarle. Mi esposa también entró en la arena del egoísmo explotando contra mí.

Detengámonos aquí por un momento. ¿Qué podría haber hecho yo para evitar que este problema se salga de control? Podría haber recogido el calcetín. Esto hubiera sido realmente el final de la historia. Y, ¿qué podría haber hecho mi esposa, si hubiera querido, para evitar que este problema se salga de control? Ella podría haber recogido el calcetín por mí. Esto hubiera sido realmente el final de la historia. Si esto es tan fácil, ¿por qué ninguno de los dos eligió el camino? ¡Egoísmo!

¿Qué nos hizo hacer el egoísmo? Explotamos el uno contra el otro. Nos hicimos sentir mal. Nos miramos con desprecio. Incluso usamos malas palabras y vocabulario insolente. ¿Por qué? Egoísmo, egoísmo, egoísmo y egoísmo.

Pero no se detuvo ahí. Continuamos con nuestras tiradas egoístas pisando fuerte y tirando puertas. Y, sí, el egoísmo fue la actitud que causó los tres días de silencio entre nosotros. Los dos somos culpables. Comencé el problema, pero ambos lo empeoramos.

La mayoría de las parejas se convierten en expertos en hacer problemas más grandes de lo que deberían. Éstos son algunos de los comportamientos "expertos" que acompañan a la mayoría de los argumentos maritales:

- **Palabras desagradables:** esto incluye pero no se limita a decir malas palabras y utilizar vocabulario insolente, comparando al cónyuge con un animal o al menos, con la parte trasera de ciertos equinos de corral y degradando el estado mental de la otra persona.

- **Elevando la voz:** seguramente si tu cónyuge no escuchó tus críticas cuando utilizaste por primera vez tu suave voz interior, él/ella escuchará si subes el volumen algunos decibeles. ¿Correcto? ¡No! Si no hablo Inglés, puedes gritarme todo lo que quieras en Inglés y todavía no entiendo.

- **Diciendo insultos:** Este es un mecanismo de defensa de tercer grado. ¿Recuerdas el tercer grado? Un niño no puede igualar el ingenio de otro. Así que sale con algún insulto que seguramente terminará la discusión. Así es como suele ir: "Bobby se metió en problemas. Bobby se metió en problemas". A lo que Bobby respondía: "¿Ah, sí? Bueno, ¡eres un estúpido!" Una vez que llegas a la etapa de insultos, ya no eres más listo que un estudiante de tercer año de primaria.

- **Expresiones faciales:** las parejas pueden ser muy creativas aquí. Están los siempre populares ojos giratorios, los labios fruncidos, la "mirada", o la mirada estoica de los mártires. Conoces la mirada solemne de Juana de Arco cuando se enfrenta a su destino de ser quemada en la hoguera, aunque sabe que es totalmente inocente. Algunas parejas deben obtener premios por sus intentos de matar silenciosamente a sus oponentes con contorsiones faciales.

Segundo: Cada problema generalmente termina más grande de lo que debería. Ya hemos visto que esto sucede con el incidente del calcetín. Pero pongamos etiquetas en lo que sucedió. Piensen en el problema como un iceberg. Dicen que solo alrededor del 12% de un iceberg está a la vista flotando sobre el agua. Eso significa que hay siete veces más hielo flotando debajo de la superficie del agua. Ese hielo escondido es lo que es tan peligroso para los transatlánticos. En nuestra ilustración de un problema, la punta del problema es lo que llamamos acción. Esto es lo que realmente sucedió. Es el verdadero problema que comenzó como un pequeño conflicto. Esta es la punta del iceberg.

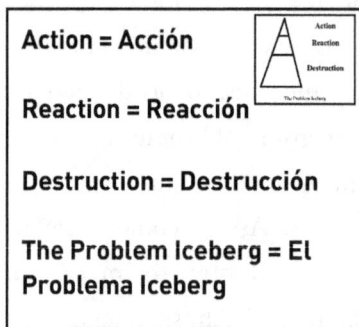

Action = Acción

Reaction = Reacción

Destruction = Destrucción

The Problem Iceberg = El Problema Iceberg

Hacemos el problema aún más grande por lo que le agregamos. Esta es la reacción. Hay todo tipo de cosas que usamos para exagerar un conflicto.

- **Palabras odiosas:** "Bueno, ¡eso fue brillante!" "¿Has perdido la cabeza?" "¿Estás ciego?" "No importa lo que haga, siempre te enojas conmigo". "Nag, nag, nag". (Pon tu propia frase aquí: "_____.")

- **Volumen de la voz:** aumenta cada vez más a medida que avanza el argumento.

- **Insultos:** No puedo poner aquí lo que las parejas realmente se dicen el uno al otro. De lo contrario, tendríamos que anunciar este libro como Clasificado "R".
- **Expresiones faciales:** Ojos giratorios, la mirada en blanco, "¡La mirada!"
- **Gruñidos prehistóricos:** Suspiros, gruñidos, "pss, pss, pss".
- **Murmurando "entre-dientes":** Lo suficientemente alto como para que el otro escuche que estás murmurando algo pero lo suficientemente suave para que no escuchen lo que realmente estás diciendo.

Todas estas adiciones al problema original se clasifican como la "reacción" al problema. Ya parece que el problema se ha salido de control.

Luego está la "destrucción" del problema. Es como el silencio después de que estalle una bomba. La pareja está aturdida y confundida. Pasan tiempo separados sin hablar entre ellos. En nuestro ejemplo la pareja no habla durante tres días. Este no es un período de enfriamiento como algunos quieren sugerir. Esta es una continuación del problema. La pareja realmente no se enfría, continúan amargados, en sus propios rincones, sobre el dolor y el odio que el otro mostró durante la etapa de acción y reacción del problema. Así que el problema sigue creciendo. Si una pareja tiene la oportunidad de resolver conflictos en el matrimonio, debe reconocer el aspecto total del problema y abordar todos los niveles.

Tercero: los problemas pasados sin resolver hacen que todos los problemas nuevos sean difíciles de resolver. ¿Sabían que todos los conflictos que han tenido en tu matrimonio que no se han resuelto con éxito todavía están con ustedes? Simplemente flotan sobre sus cabezas en una nube. Con el tiempo la nube puede volverse muy espesa y oscura. Todos esos problemas no resueltos del pasado están justo ahí para ser utilizados en contra de la pareja. Este es un gran problema porque sucede todo el tiempo.

Volvamos a nuestra ilustración. Tiré un calcetín en el suelo y no lo recogí. Ahora, mi esposa y yo estamos tratando de inventar declaraciones afiladas diseñadas para hacer que el otro se rinda. "¡Recógela tú, es tu calcetín!" "Recógela, estás más cerca". Pero si ninguna de estas obras maestras de la retórica funcionan, las parejas pueden escarbar en la nube y sacar una indiscreción pasada. "Bueno, supongo que no puedo esperar que recojas tus calcetines. Parece que nunca puedes recoger el periódico después de leerlo". "Oh, sí, no eres tan perfecta. ¡No sé cuándo fue la última vez que la cocina estuvo limpia!". ¿Qué sucedió aquí? ¿Es esto correcto? ¿Ayuda esto? Las respuestas son "no" y "nunca". ¿Por qué las parejas recurren a plantear el pasado en conflictos?

- Porque cada nuevo problema agita los malos sentimientos de todos los problemas no resueltos del pasado. Esos problemas pasados han creado "conceptos" en el matrimonio. La desconfianza, la decepción y el desánimo son solo algunos.

Entonces, cuando surge un nuevo problema en el matrimonio, una pareja puede verlo a través de estos filtros. Puede haber una desconfianza automática de que mi cónyuge no manejará el nuevo problema correctamente, por lo que veré el conflicto como inútil, sin importar lo pequeño que sea. Esto no es justo para tu pareja. Esto también se llama "prejuicio" porque se han prejuzgado entre sí. Esto solo desordena todo.

- Porque las parejas tienden a usar los problemas no resueltos del pasado como armas para evitar lastimarse. Si el tirador del calcetín siente que lo están reteniendo en una esquina, puede arremeter contra su esposa con otros eventos pasados para evitar sentir la culpa de su error y para evitar sentir la ira de su esposa. Esto no funciona. Todavía está en un rincón, su esposa todavía está enojada y él se siente muy mal.

- Porque las parejas no pueden o se niegan a centrar su discusión en un solo tema, lo que hace que todos los problemas sean imposibles de resolver. Los problemas o conflictos entran en el matrimonio uno a la vez. Luego enturbiamos las aguas al plantear otros conflictos. Ahora tenemos una gran cantidad de problemas entrelazados que no se pueden resolver. Eventualmente, la pareja puede olvidar cuál era el problema real. Era un "calcetín en el piso". Y, puede ser que a la pareja ya no le importe el verdadero problema, ya que ahora están cocinando toda la basura que ha salido a relucir. ¿Cómo se va a poder resolver esto?

- Porque los problemas no resueltos ya han hecho que ambos cónyuges devalúen al otro. En un matrimonio saludable, las parejas deben tener esta actitud: "Mi esposo / esposa es tan valioso para mí que haré cualquier cosa para hacerlo feliz". Pero debido a la incapacidad de la pareja para resolver cualquier problema, ambos han devaluado al otro. Y, ¿qué es lo contrario de "valor"? ¡Sin valor!

¿Estás comenzando a tener la idea de que los problemas no resueltos multiplican el dolor de todos los problemas conyugales? ¿Crees que podría ser importante resolver todos los problemas a medida que surjan? "Pero, ¿y si he estado casado por 30 años? ¿Qué sucede si tengo cientos de problemas no resueltos en mi matrimonio?" Sigue leyendo. Te mostraremos cómo.

Cuarto: la barrera del lenguaje entre los sexos dificulta la resolución de problemas. Los hombres, en su mayor parte, son cognitivos en su perspectiva de la vida. Hablan el lenguaje cognitivo. Las mujeres, en su mayor parte, son afectivas en su perspectiva de la vida. Hablan el lenguaje afectivo. Un escritor dijo que los hombres son de Marte y las mujeres son de Venus. Eso es cursi. ¿No están Marte y Venus separados por un millón de millas de distancia entre sí? A veces, cuando las parejas tratan de hablar sobre problemas, es como si estuvieran a un millón de millas de distancia entre sí. Si no hablamos el mismo idioma, nunca podemos resolver un problema.

Permítanme utilizar un ejemplo no matrimonial para ilustrar este concepto. Digamos que estaba en mi oficina con un hombre que solo habla Inglés. Yo solamente hablo Español. Me doy cuenta de que su auto está en llamas en el estacionamiento. Así que digo en Español: "Tu auto está ardiendo en el estacionamiento. Vé a buscar el extintor de incendios y apágalo". También se da cuenta de que su auto está en llamas y me dice, en Inglés: "Bob, my car! I need to extinguish the fire! Do you have an extinguisher?" Me quedo allí sentado, mirándolo fijamente, sin saber qué rayos dice. Me imagino que no me estaba escuchando. Así que hablo más alto y más lento, en Español, esperando que mi Español ruidoso llegue a sus oídos Ingleses. Así que digo: "¡TU CARRO ESTÁ EN LLAMAS EN EL ESTACIONAMIENTO! ¡VÉ A CONSEGUIR EL EXTINTOR Y APÁGALO!" Mi español ruidoso y lento le parece degradante, y probablemente así lo pretendía yo. Él solo me mira, me mira fijamente, sin saber qué rayos le estaba diciendo. Él solo sabe que no estoy siendo muy amable con él. Él devuelve el favor repitiendo lo que dijo, un poco más lento y mucho más fuerte. "BOB, MY CAR! I NEED TO EXTINGUISH THE FIRE! DO YOU HAVE A FIRE EXTINGUISHER?" Ahora estoy fastidiado. Estamos a punto de golpearnos.

Piensen en esto: ¡Estamos diciendo lo mismo! Ambos

creemos lo mismo sobre lo mismo. Pero como estamos hablando en un idioma que el otro no entiende, nos estamos preparando para matarnos. Esto es exactamente lo que sucede en el matrimonio. No hablamos el mismo idioma. Y en lugar de aprender el idioma del otro, solo miramos a nuestros cónyuges y los ridiculizamos por no ser como nosotros. La barrera del idioma hace que la resolución de conflictos sea casi imposible.

La historia *bíblica* de la Torre de Babel es el estudio perfecto en comunicación. Después del Gran Diluvio, se suponía que la humanidad debía extenderse por toda la tierra para repoblar lo que el diluvio había destruido. Las personas, en lugar de obedecer el mandato de Dios, se establecieron en un bonito valle y construyeron una ciudad. En su afán por crear una sociedad duradera en esa área, también construyeron una torre que alcanzaría los cielos. A Dios no le gustó lo que vio. Él habló a Cristo y al Espíritu Santo acerca de eso un día. "He aquí el pueblo es uno, y todos éstos tienen un solo lenguaje; y han comenzado la obra, y nada les hará desistir ahora de lo que han pensado hacer" *(Génesis 11:6)*. Dios dijo que cuando los hombres hablan el mismo idioma, pueden hacer cualquier cosa que se propongan. Pero Él no quería que la gente se estableciera en esa área. Necesitaba esparcir a la gente por toda la tierra. ¿Cómo podía lograr Dios eso? Él podía haber levantado un ejército enemigo para marchar contra el pueblo de Dios y perseguirlos a los cuatro rincones de la tierra. O podría haber enviado langostas a hacer lo mismo. Pero en cambio, Dios confundió su lenguaje. "Ahora, pues, descendamos, y confundamos allí su lengua, para que ninguno entienda el habla de su compañero" *(Génesis 11:7)*. Así es como Dios dispersó a la gente. Si hablas el mismo idioma, puedes hacer cualquier cosa. Pero si no hablas el mismo idioma, no puedes hacer nada.

¡Guau! Eso es mucho para digerir. Los problemas se hacen más grandes de lo que deberían y empeoran aún más debido a fallas en la comunicación. Dado que los hombres y las mujeres hablan diferentes idiomas, ¿qué se supone que debemos hacer? ¿Cómo podemos resolver nuestros problemas?

Dense una palmadita en la espalda por desempañar un poco más su matrimonio. Entender el problema es la mitad de la batalla. En un par de capítulos, aprenderán una herramienta efectiva de resolución de conflictos. Y esta herramienta ayudará a resolver el problema, todo el problema y nada más que el problema.

Esto es lo que sucederá:

1. La resolución de problemas tendrá un componente de servicio. Si cada problema comienza con el egoísmo, entonces la resolución del problema comienza con el servicio. "¿Qué puedo hacer por mi cónyuge que ayude a resolver este problema?".

2. Ambas partes tendrán un espíritu de humildad. Lo han intentado en el pasado; no funcionará, ya sabes, cuando intentaste hacer que la otra persona entienda lo que

ha hecho mal. El camino correcto es venir con un espíritu humilde, creyendo que ambos han participado en este problema. Con la actitud correcta, cualquier cosa se puede lograr.

3. Abordarán los problemas uno por uno. Entraron en su matrimonio uno a la vez y tendrán que irse de uno en uno. Pero no se preocupen, todos desaparecerán rápidamente.

4. Abordarán los problemas en un ambiente controlado. Que todos hagan lo que quieran no funciona. Se centrarán en un problema, lo resolverán y lo eliminarán de su matrimonio.

5. Abordarán las tres etapas del problema: la acción, la reacción y la destrucción. Una vez más, no se preocupen, será fácil una vez que entiendan, una vez que la niebla se levante.

6. Desarrollarán un entendimiento básico del lenguaje del cónyuge. Esto puede ser divertido. La pareja cognitiva aprenderá el lenguaje afectivo y la pareja afectiva aprenderá el lenguaje cognitivo.

7. ¡Arreglarán el problema! Los hombres, en su mayor parte, necesitan esto.

8. Abordarán las emociones que rodean el problema. Las mujeres, en su mayor parte, necesitan esto.

9. Se comunicarán como iguales. Si alguna vez han intentado resolver un problema cuando el otro se siente superior, esto no sale bien. Ustedes son marido y mujer. No son padre e hija, ni madre e hijo. Ustedes son socios iguales en la maravillosa vida llamada matrimonio.

Entendiendo Sus Diferencias de Temperamento

EL CONOCIMIENTO ES LA CLAVE. Hay algo creado dentro de todos nosotros que puede ser diferente de lo que está dentro de mi cónyuge. Temperamento. Si puedo entender el temperamento de mi pareja, entonces puedo tener más paciencia y comunicarme mejor. Si no entiendo las diferencias de temperamento, puedo comenzar a asumir que él / ella solo está siendo difícil.

Nunca pude entender a mi esposa. Ibamos al centro comercial y ella quería pasar horas yendo de tienda en tienda, solo mirando, y eventualmente comprando lo que quería. ¿Por qué no podía ir directamente a la tienda, comprar la cosa y salir? Eso es lo que yo haría. ¿Qué le pasa a ella?

¿Qué le pasa a él? Hacemos un viaje especial para ir al centro comercial y él solo quiere entrar y salir corriendo. ¿Por qué no puede disfrutar de la atmósfera, disfrutarme a MÍ caminando de la mano con él? Me deja saber cuánto odia el centro comercial. Finalmente me rindo y salgo de allí.

¿Te ha sucedido esto? ¿Alguna vez has sentido que algo en serio andaba mal con tu pareja porque él / ella no disfrutaba lo que tú disfrutas? Debido a esto, ¿has asignado un apodo no tan amable para tu cónyuge como cabeza de trasero, aguafiestas o algún otro nombre que no sea apropiado para este libro? Podrían ser diferencias de temperamento. Aquí hay algunos más:

- Te gusta hacer nuevos amigos pero tu pareja es antisocial.
- Necesitas hablar sobre problemas, de inmediato, con energía, pero tu cónyuge simplemente se apaga.
- Quieres hablar pero tienes que esforzarte para sacarle la información a tu cónyuge.
- Tu pareja siempre parece tener razón y te hace creer que eres basura.
- Tu pareja quiere ir, ir, ir todo el tiempo, pero él / ella no se detiene el tiempo suficiente para tener una buena conversación contigo.
- Tu pareja quiere discutir con todos, pero tú solo quieres la paz.
- Tu pareja nunca quiere tomar una decisión.
- Tu pareja quiere tomar todas las decisiones.
- Tu pareja se puede enojar muy rápido por un asunto, y luego se le olvida con la misma rapidez. Pero tú no puedes superarlo.

- Tu pareja nunca quiere iniciar el acto amoroso.

  ¿Qué le pasa a él / ella?

Estas declaraciones podrían ser solo diferencias entre hombres y mujeres, o pueden indicar diferencias de temperamento normales entre el esposo y la esposa. Tu pareja no está necesariamente siendo difícil; él / ella puede estar viviendo su temperamento.

El temperamento no tiene nada que ver con la ira. Es una descripción de su actitud o perspectiva sobre la vida y las relaciones. Usted nació con eso. Es por eso que haces lo que haces. Es por eso que reaccionas de cierta manera al conflicto y al dolor. Si puedes entender el temperamento, puedes hablar mejor con tu pareja y resolver mejor los conflictos.

La ciencia del temperamento ha existido durante siglos. Y, no ha cambiado mucho con el tiempo. De hecho, algunas de las mismas palabras usadas hace dos o tres mil años todavía se usan hoy: melancolía, colérico y optimista. Así que es una ciencia bastante exacta, y es utilizada ampliamente por profesionales de la salud mental y empleadores. Algunas de las pruebas de temperamento más utilizadas son:

- MMPI— Inventario Multifásico de Personalidad de Minnesota
- MBTI— Indicador de Tipo Myers-Briggs
- APS o TA Ps— Sistema de Perfil Arno o Perfil de Análisis de Temperamento

Algunos escritores usan términos no técnicos para educar a sus lectores sobre los cuatro tipos principales de temperamento. Pueden usar:

- **Colores:** Dorado, Azul, Naranja, Verde
- **Animales:** Labrador, Nutria, León, Castor
- **Palabras descriptivas:** Pacificador, Fiestero, Empujador, Protector

En este capítulo utilizaremos las palabras descriptivas. Esto es un invento mío. No quiero infringir los derechos de autor de nadie.

Esto es lo que necesitas hacer. Lee todas las descripciones de temperamento a continuación. Decide cuál de ellos te describe mejor. Luego, decide cuál de ellos, al menos en tu opinión, describe mejor a tu pareja. Después de esto, lee la sección sobre las necesidades únicas de cada temperamento. Concéntrate más en las necesidades de tu pareja: lo que tú puedes hacer por él / ella.

LOS TEMPERAMENTOS
¡El Protector!

Los llamamos protectores debido a su enorme deseo de proteger lo que es correcto. Estas personas son reforzadores de reglas. Por lo general, están a tiempo para todo y se estresan cuando llegan tarde. Son protectores de sus emociones, raramente compartiéndolas con otros. Los protectores no tienen muchos amigos cercanos. Cuando surja el conflicto, protegerán sus sentimientos al cerrarse. Mantienen sus sentimientos para sí mismos hasta el momento en que sienten la necesidad de explotar. Los protectores no tienen mucho cambio de humor. Son bastante reservados la mayor parte del tiempo. Por lo general, miran el lado negativo de todo, y por lo general, pueden descubrir qué puede salir mal.

Los protectores son pensadores profundos. Son brillantes. Saben lo que debes hacer con tu vida y te dirán SI vienes y les pides consejo. Deben procesar la información antes de actuar sobre ella. Si se les permite pensar sobre un asunto determinado, pueden hacerlo bien. Si se les obliga a tomar una decisión rápida sobre algo en lo que no han pensado, se rebelarán y cerrarán.

Los protectores son defensores de relaciones profundas. Si es necesario, darán el sacrificio definitivo, su propia vida, por otro.

¡El Pacificador!

Los pacificadores son gentiles y dulces. Son humildes y cariñosos. Disfrutan viendo a otros tomar el foco. Pero les cuesta mucho tomar decisiones debido a que estas podrían afectar a otros. Prefieren que alguien más decida por ellos, incluso si la decisión los afecta personalmente. Mientras que los protectores se rebelarán y cerrarán para evitar conflictos, los pacificadores harán cualquier cosa para hacer la paz, incluso renunciar a sus derechos por los demás. Esto es noble. Pero si los pacificadores no tienen cuidado, pueden convertirse en alfombras para que otros puedan caminar sobre ellos. Los pacificadores difieren a los demás con tanta frecuencia que tienen dificultades para decir lo que hay en sus corazones. Debido a esto, los pacificadores esperan que otros lean sus mentes. Pero como nadie puede hacer esto, muchas de sus necesidades no se satisfacen.

Los pacificadores tienen un enorme deseo de interacción social, pero necesitan ser invitados para que sepan que la amistad es verdadera y genuina. Pueden usar mucho comportamiento indirecto. Tratan de insinuar a los demás lo que está sucediendo dentro de ellos, con la esperanza de que otros vengan y pregunten: "¿Qué está mal?" o "¿Quieres venir con nosotros?"

Los pacificadores son muy humildes y tienen dificultades para aceptar cumplidos. A menudo se sienten inútiles y no dignos de ningún reconocimiento. Pero en secreto disfrutan de la atención.

¡El Empujador!

Si no tuviéramos empujadores en el mundo, nada se haría. Los Empujadores y Protectores tienen la misma capacidad para ver el panorama general, para saber qué necesitan hacer los demás. Sí, los Empujadores también son brillantes. Si bien los Protectores están más que dispuestos a dar consejos si alguien acude a ellos y les pregunta, los Empujadores no solo saben lo que tú debes hacer con tu vida, sino que tienen una necesidad abrumadora de obligarlo a hacer lo que debe hacer.

Los Empujadores son buenos líderes y son buenos para delegar responsabilidades, capacitando a otros para realizar buenas tareas. Pueden ser agradables y persuasivos. Sin embargo, si no logran empujar a otros a usar la iluminación y la persuasión, pueden usar comportamientos no tan buenos para lograr lo que quieren: ira, manipulación o coerción. Los empujadores tienen dificultades para compartir sentimientos. No permitirán que otros los ayuden a tomar decisiones.

Les gustan las situaciones sociales. Pero a menudo usarán la socialización como una forma de salir adelante o de hacer otra venta—red de negocios.

¡El Fiestero!

Estas son las personas que aman la vida. Quieren participar en todo lo que es bueno y divertido. Les encanta usar los cinco sentidos todo el tiempo. Aman la belleza estética en todas las cosas. Les encanta comprar y gastar dinero. Les gusta comprar cosas decorativas, chucherías, tarros y jarrones.

Los fiesteros disfrutan de la vida. Por lo general, están a cargo de la conversación y usualmente son los más ruidosos del lugar. Si se aburren, pueden encontrar a alguien más o a algo más. Pueden irse en medio de una conversación solo para encontrar a alguien o algo más entretenido. Les encanta la música y la conversación. A veces tienen la radio y la televisión encendidas mientras hablan por teléfono. Los fiesteros tienen cambios de humor extremos. Pero están arriba o abajo, casi nunca en el medio. Cuando se dan cuenta de que están bajando del nivel emocional debido a un conflicto, pueden asumir malos comportamientos para mantenerse a sí mismos en el punto alto emocional.

Los fiesteros tienen muchos amigos y un buen número de amigos cercanos. Esto es porque les gusta la gente. Son como el sol en un día nublado.

Temperamento:
¿Qué Necesita Tu Pareja?

Si estás casado con un Protector ...

Su cónyuge Protector se cerrará a la primera señal de conflicto. Su enfoque debe ser envuelto con mucha gentileza. Si pregunta: "¿Qué está mal?" Y él / ella dice: "¡Nada!", Entonces déjalo solo hasta que pase el tiempo suficiente para que puedan procesar la situación. Sería bueno hacer una cita. "Cariño, ¿crees que podríamos hablar de esto a las 5:00 esta tarde?" Los protectores entienden las citas y las reglas.

Tu Protector no disfruta de las situaciones sociales como lo hacen otros temperamentos. En su mayoría son incómodos y prefieren estar en grupos pequeños SI saben y se sienten cómodos con ellos. Cualquier presión hacia la socialización producirá estrés. Incluso si tu protector eventualmente cede y acepta ir, él / ella llevará mucho estrés al compromiso social.

No les gusta que les sorprendan. Sería mejor para usted concretar una cita para hablar sobre asuntos serios ("¿Crees que tal vez podamos hablar a las 5:00 esta tarde?") en lugar de forzar el problema de inmediato ("¡Tenemos que hablar de esto ahora!"). Los Protectores deben tener tiempo para procesar la información.

Tu Protector valora los calendarios y horarios. Si él / ella conoce el punto de inicio y final de cualquier evento, se sienten más cómodos participando. Por ejemplo, no preguntes: "Cariño, ¿quieres ir al centro comercial?" Tu Protector se congelará y entrará en pánico porque no hay suficiente información para tomar una decisión. En lugar de eso, pregunta: "¿Quieres ir al centro comercial por una hora?". En lugar de "¿Quieres salir a caminar?", di: "¿Quieres caminar a la tienda y volver?"

Tu Protector puede ser un amante fantástico. Él / ella tiene emociones profundas y quiere compartirlas. Pero también tienen un gran miedo al rechazo. Por esta razón, pueden parecer desinteresados en el amor y la intimidad. En realidad, te están esperando, observando y respondiendo mientras inicias el encuentro romántico. Entonces, da la bienvenida a sus intereses y avances románticos. Si debes declinar, hazlo de una manera suave. "Cariño, me encantaría, pero no puedo esta noche. ¿Crees que podemos hacerlo mañana por la noche?"

La apariencia de competencia es muy importante para tu Protector. Asegúrate de permitir que él / ella esté en una luz favorable frente a los demás.

Una de las mayores necesidades de tu Protector es la motivación. Dile a menudo que estás orgulloso de él/ella. Agradécele por su esfuerzo. Felicite sus éxitos. Un Protector feliz es un cónyuge fantástico.

Si estás casado con un pacificador ...

Su cónyuge Pacificador también cerrará sus puertas a la primera señal de conflicto. Su "cierre" se debe a que no saben cómo compartir sus sentimientos de manera efectiva. Pero ellos quieren tanto compartir con ustedes. Necesitan secretamente que saques sus sentimientos de ellos. Si preguntas, "Cariño, ¿qué pasa?" Y él / ella dice "¿Nada?", Lo que realmente están diciendo es "Por favor, sigue preguntándome". Los pacificadores quieren que leas su mente. Pero como no puedes, recuerda seguir preguntando y eventualmente te dirán lo que está sucediendo, cómo se sienten. Reserve tiempo de calidad para que se abran y compartan sus sentimientos.

Tu pacificador a menudo mostrará un comportamiento indirecto. Si no lees mentes, tu pacificador lanzará pistas para que adivines. Estas sugerencias pueden parecerse a expresiones faciales, suspiros y otros gruñidos no verbales, como declaraciones y preguntas no tan bien elaboradas. "Debe ser agradable ir a la tienda Macy's". Debes asegurarles que ellos son valiosos y amados.

Los Pacificadores disfrutan de eventos sociales. Necesitan invitaciones personales para que sepan que son necesitados o deseados en el evento. Pero incluso en situaciones sociales, tu Pacificador será más un observador que un participante. Así que asegúrate de estar con ellos e incluirlos en tus conversaciones.

Tu Pacificador es un amante profundo. Su naturaleza sugiere que solo quieren lo mejor para los demás. Pero son más respondedores que iniciadores. Así que tómate el tiempo para iniciar la intimidad con tu pareja Pacificadora. Si se hace con cuidado, se abrirán y compartirán un amor fantástico contigo.

Una de las mayores necesidades de su pacificador es la atención. Ponle mucha atención. Haz muchas preguntas. Aunque no quieren tomar decisiones, incluya a su cónyuge en cualquier proceso de toma de decisiones. Quieren tocar y ser tocados (no sexuales, como abrazos, palmadas en la espalda, acariciando el brazo, etc.) Entonces, ¡tócalos!

Si estás casado con un Empujador...

Tu Empujador es una persona muy brillante. Él / ella puede ver el panorama general y lo que debe hacerse. El conflicto no es desagradable para ellos. Pero lo usarán para hacer que otros hagan lo que se supone que deben hacer. Si no pueden hacer esto, podrían mostrar enojo en un intento de motivar o mover a otros. Tienen razón la mayor parte del tiempo, pero son agresivos. Entonces, si se siente abrumado por su Empujador, dile: "Cariño, sé que probablemente tengas razón, pero me siento abrumado. ¿Me puedes dar algo de espacio o algo de tiempo?"

Incluso cuando es amable, es importante que te enfrentes al Empujador. Si no, ellos tienden a abrumar a la gente y luego pierden el respeto por ellos. Entonces, por el bien de ellos, defiéndete en medio del conflicto y resuelvan todos los problemas de manera saludable.

Tu Empujador disfruta de las situaciones sociales. Él / ella los ve como oportunidades para el progreso. La apariencia es importante para ellos. Sé amable y atento en público.

Los Empujadores odian ser vulnerables, pero necesitan abrirse y compartir sentimientos como cualquier otra persona. Provee para ellos un lugar donde puedan sentirse seguros.

Una de las mayores necesidades del Empujador es la motivación. Y esto es duro. Dado que tu Empujador a menudo tiene razón y usa situaciones para avanzar en su propia agenda, estos pueden volverse arrogantes. Pero incluso con arrogancia, están secretamente suplicando que se les dé validación. Pasa mucho tiempo diciendo: "¡Buen trabajo! ¡Bien hecho! ¡Estoy orgulloso de ti!"

Si estás casado con un Fiestero...

Tu Fiestero tiene el deseo abrumador de estar siempre arriba, positivo, disfrutando el momento o el día. Ayúdalo a disfrutar la vida. Ayuda a proporcionar oportunidades para que sean sociales. Ellos no están preocupados con los horarios. Si necesitas acercarte a un Fiestero para hacerle saber que es hora de irse, hazlo amablemente y luego dale tiempo para relajarse del ambiente social.

A tu Fiestero no le gusta el conflicto, pero no retrocederá cuando surja el conflicto. Él / ella se apresurará a descargar emociones durante un conflicto como un mecanismo de defensa para evitar que caigan en un estado de ánimo negativo. Al principio, no tomes lo que dicen como un ataque personal contra ti, pero date cuenta de que necesitan resolver el conflicto rápidamente para que puedan mantenerse en un estado de ánimo positivo.

Provéeles lugares seguros para que sean vulnerables. Escucha atentamente sus historias. No corrijas sus exageraciones. Recuerda, están contando el lado más emocional de la historia en lugar del lado real.

La mayor necesidad de tu Fiestero es la belleza. Disfrutan observando gente guapa y cosas bellas. Y, disfrutan compartiendo estas cosas con su pareja amorosa. Ayúdalos orquestando eventos, actividades y vacaciones que los lleven a lugares hermosos. Aprecie su espíritu y energía.

Los Fiesteros son grandes amantes. Disfrutan del romance y el proceso de intimidad y encuentros sexuales. Es solo otra fiesta, pero esta es especial e íntima.

¿Por qué todo este debate sobre los temperamentos?

1. **Entiende tu propio temperamento.** Lo que lees aquí son tendencias generales que puedes tener. Los comportamientos descritos aquí son suficientes. Pero eso no significa que siempre sean correctos y apropiados. En el matrimonio, has acordado compartir tu vida con otra persona que habla de manera diferente (los hombres son de Marte...) y que reacciona de manera diferente a las situaciones de la vida. Conocer tu temperamento te ayudará a descubrir cómo ir más allá de tu zona de comodidad por el bien de tu pareja.

2. **Entiende el temperamento de tu pareja.** En muchos conflictos matrimoniales, tu pareja no solo está siendo difícil; tu pareja puede simplemente estarse comportando de una manera que es cómoda, la forma en que fue creada. Sé más paciente con tu pareja, proveyendo para ellos cosas y situaciones que los ayudarán a vivir dentro de sus temperamentos y les permitirá tener menos estrés en sus vidas.

3. **¡Disfruta de las diferencias!** Simplemente hacen la vida más interesante. Permite que las fortalezas de tu pareja complementen tus debilidades y sean la fuerza para aquellas áreas en las que tu pareja es débil. Entonces, disfruta lo fuerte que se convertirá tu matrimonio.

PARTE III
Herramientas para Mantener la Niebla Afuera

C*E*S*A*R Las Peleas – Una Herramienta para Resolver Conflictos

AHORA ES EL MOMENTO PARA MANOS A LA OBRA. Es hora de ponernos a trabajar. Ustedes saben que tienen muchos problemas del pasado sin resolver los cuales cuelgan sobre su matrimonio. La niebla se levantará una vez que comiencen a deshacerse de los problemas. En este capítulo, aprenderán una manera efectiva de resolver cualquier problema, ya sea grande o pequeño, pasado o presente. Pero como cualquier herramienta, tienen que usarla para poder sacarle provecho.

Desde mi buzón de correo electrónico…
Hola, Bob,

Mi esposo Terry y yo estuvimos en el taller de Shilo Inn, Seaside el 16 de mayo y lo disfrutamos mucho. Muchas gracias por todas las cosas prácticas que nos enseñaste. De hecho, fuimos al taller un poco cargados del fin de semana anterior e inmediatamente después de llegar a nuestra habitación, nos sentamos en las cómodas sillas y trabajamos a través de los pasos de CESAR Las Peleas. ¡Fue tan increíble! Normalmente nos cuesta mucho discutir el conflicto, pero lo resolvimos todo y quedamos totalmente satisfechos cuando terminamos. ¡¡¡Muchísimas gracias!!! Ahora estamos trabajando en la tarea. Tenemos una cita para reunirnos cada lunes y hablar sobre la tarea que hicimos esa semana. Eso es genial. Estamos a punto de trabajar en nuestro plan de fidelidad. Gracias de nuevo y te deseamos lo mejor. —Ariel

Antes de comenzar a resolver todos sus conflictos matrimoniales, pongámoslo en perspectiva, como una perspectiva que ustedes pueden adoptar. Si es cierto que ustedes todavía acarrean todos los problemas que nunca han resuelto, es posible que tengan una nube muy densa colgando sobre su matrimonio. Pero no se alarmen. No se sientan abrumados. Piensen en Buscaminas.

Buscaminas es un juego en la mayoría de las computadoras en el que el jugador debe hacer clic en los cuadros con la esperanza de que no haya una bomba debajo de ese cuadrado. Si tiene éxito, el cuadrado no revelará nada o revelará un número que le dice cuántas bombas rodean ese cuadrado. Pero de vez en cuando, harás clic en una ficha y desaparecerán unos 50 cuadrados. ¿Por qué? Porque hiciste clic en un área del tablero de juego que no tiene nada debajo.

ESTO ES LO MISMO que debe ocurrir en la resolución de su conflicto matrimonial. Ustedes volverán y trabajarán en un solo problema, y lo resolverán. Es posible que su nube no sea mucho más ligera después de resolver un conflicto. Pero invirtieron entre 15 y 30 minutos en comunicación matrimonial de buena calidad. Y un día de estos, resolverán un problema que se parece mucho a otros 50 problemas que han tenido, y por mutuo acuerdo, borrarán todos esos 50 problemas de una sola vez. Puede suceder. Pero tienen que comenzar con un problema. Resuélvanlo y continúen.

El modelo de resolución de conflictos C*E*S*A*R Las Peleas tiene cinco pasos basados en cada una de las letras de la palabra CESAR. Pero antes de comenzar, hay dos reglas principales que la pareja debe obedecer. Aquí están:

Regla #1 previa al C*E*S*A*R Las Peleas: Deben centrarse en un solo tema. Debido a que los problemas y conflictos ingresaron a su matrimonio uno por uno, deben irse de uno en uno. Y a pesar de que las mujeres pueden luchar y abordar múltiples problemas a la vez, los hombres no pueden. Por lo tanto, por el bien de la resolución de problemas, debemos abordar un solo problema.

Abordaremos el tema de los calcetines en el piso que mencionamos hace un par de capítulos. Tiré dos calcetines en la cesta de ropa sucia, pero solo uno logró meterse. Me alejé y mi esposa me dijo que lo recogiera. Le dije que lo recogiera ella. Intercambiamos cosas desagradables hasta que ambos nos fuimos, tirando las puertas y sin hablarnos durante tres días. Puede que se sorprendan al descubrir que esta no fue la primera vez que esto sucedió en nuestro matrimonio. Pero incluso si el mismo problema ocurrió una vez antes o muchas veces antes, deben abordar solo un incidente a la vez. Entonces, acordamos que vamos a hablar sobre el incidente del calcetín en el piso que ocurrió el martes pasado después de que regresemos a casa de la fiesta de nuestros amigos. La pareja también se compromete a no plantear esos otros incidentes como municiones unos contra otros. Nunca ayuda, nunca funciona. ¡Deténganse!

Regla #2 previa al C*E*S*A*R Las Peleas: Deben programar una cita. Para resolver un problema de matrimonio, ambos deben estar en un estado de ánimo de resolución de problemas. ¿Cuál estado de ánimo? Bueno, el estado de ánimo debe ser uno de humildad, amor, cuidado y disposición para hacer cualquier cosa POR el otro para lograr resolver el problema. Esto no puede suceder de repente. Uno no puede acercarse a su cónyuge y decir: "¡Tenemos que hablar de esto ahora mismo!" No está permitido emboscar a su cónyuge. Además, no se puede resolver un problema de manera efectiva si aún experimenta las emociones acaloradas del problema. Ambos deben calmarse. Esas emociones acaloradas nunca resolverán el problema. Hagan una cita donde ambos estén de acuerdo. "Cariño, tal vez podamos hablar de esto esta tarde a las 5:00".

Hacer citas con su cónyuge tiene varios beneficios. Primero, protege a ambos socios de ser emboscados. Segundo, da tiempo para que las emociones se calmen. Y tercero, separa los aspectos negativos de la relación. Si ambos llegan al acuerdo en hablar sobre el tema a las 5:00 p.m. del mismo día, entonces les libera tiempo para hacer cosas buenas y positivas el uno con el otro mientras llega esa hora. No se han olvidado del problema. No lo han barrido y escondido debajo de la alfombra. Pero han aceptado retrasar la negatividad y colocarla en un marco de tiempo saludable en el que ambos pueden resolver el problema hasta el punto de resolución. Es una situación donde todos ganan.

Repasemos. Antes de poder trabajar los cinco pasos del

modelo de resolución de conflictos C*E*S*A*R Las Peleas, deben (Regla #1) centrarse en un solo tema y (Regla #2) programar una cita que sea conveniente para ambos. Ahora están listos para la resolución de conflictos.

Paso Uno: La "C" significa "Confiesen"

Dado que cada problema comienza con el egoísmo, cada resolución de un problema debe comenzar con la falta de ego. Ambas partes deben ser humildes, estar dispuestas a admitir lo que él/ella hizo mal y que convirtió un pequeño problema en una guerra total. Entonces, ambos confesarán lo que hicieron mal, ya sea que hayan causado el problema O que hayan aumentado el problema.

El marido siempre debe ir primero. ¿Por qué? La humildad es más fácil para la mujer que para el hombre. Sin embargo, es el marido el que debe ser el ejemplo para su familia. Entonces, ve primero, incluso si no eres bueno haciendo eso. Mejorarás. Tu esposa amará el esfuerzo.

Hay una regla importante en este paso que debe ser obedecida: no pueden usar las palabras "usted," "tú" o "vos". Demasiadas veces una disculpa que contiene la palabra "tú" parece más como una acusación. Por ejemplo, "lamento que te hayas molestado". Eso no es una disculpa, es una acusación de que tu pareja se molestó o de que él / ella es la persona que tiene el problema, no yo. Hagan todo lo posible para elaborar su confesión mediante la cual no utilizan las palabras "usted," "tú" o "vos".

Así que busco en mi propio corazón para ver lo que hice mal en el incidente del calcetín en el piso. Comienzo: "Cariño, lo siento mucho porque tiré el calcetín al suelo y me fui. Y grité y utilicé insultos. Y tiré la puerta y no hablé durante tres días. Lo siento mucho, mucho". Esposas, resistan la tentación de hacer sugerencias para más confesiones. Deja que él hable y te abra su corazón. Y si hizo diez cosas mal pero solo confiesa tres, está bien. Ambos podrán plantear otras cosas más adelante en este proceso.

Cuando el marido termina, sigue el turno de la esposa. Si no iniciaste el problema, no lo confieses. Pero sí hiciste algo para empeorar la pelea. Así que mi esposa comienza: "Cariño, lo siento mucho porque me exasperé y me exalté por el dolor que estaba sintiendo y dije algunas cosas horribles. Grité y utilicé insultos. Y lo siento mucho, mucho". Maridos, no hagan sugerencias sobre qué otra cosa puede confesar. Sólo aprecien su corazón abierto. Una vez que la esposa haya terminado, puedes ir al siguiente paso.

¿Por qué deben confesar el uno al otro? Primero, las confesiones resuelven el ánimo, desarman ambas partes y las hacen humildes. Los problemas existen cuando trazamos nuestras líneas de batalla y construimos nuestros muros. La confesión elimina las barreras. En segundo lugar, las confesiones permiten la conexión emocional. Nos conectamos con el corazón de nuestro cónyuge por medio de la comunicación. La comunicación sana y humilde puede lograr mucho.

Paso Dos: La "E"
Significa "Expliquen"

Todos los involucrados en el conflicto tienen un deseo abrumador de dar a conocer su punto de vista. Cada uno quiere que el otro vea su lado del argumento. Esta es una necesidad válida. Pero lo que suele ocurrir es que la pareja gasta mucha energía para frustrar cualquier intento de ver o entender al otro. Hay muchas armas que las parejas sacarán como:

- Hablar por encima del otro: el ruido ahoga los gritos del otro
- Invalidación: "¿Me estás bromeando?" "¿Es en SERIO?" "¿De dónde RAYOS vino eso?" "¿Estábamos en el mismo lugar los dos?"
- ¿Qué tal esto?: ¡Ira-logía! Esta es la idea de que la ira explicará la lógica. Si tu esposa no escucha o no entiende lo que estás diciendo, puedes intentar gritar y decir lo mismo otra vez, lentamente, como lo dirías a un niño. ¡Continúa subiendo el volumen! Estoy seguro de que si me enojo más, ella comenzará a escuchar.

Eso no funciona. Pero todavía tenemos la necesidad de comunicar lo que sentimos. Aquí está una manera segura de transmitir el punto. Será raro, al principio, pero se divertirán.

En este paso, le explicarás a tu cónyuge POR QUÉ hiciste lo que hiciste. Dirás: "Me sentí __(presenta una emoción)__ como __(presenta un símil)__ ". Un símil es una declaración o una historia con un mensaje similar que explica la realidad. Por ejemplo: "Me sentí enojado, como cuando la montaña St. Helens estuvo retumbando y temblando por un largo tiempo y luego finalmente BUM explotó". Entonces, ¿qué logra esto? Acabo de decirle a mi esposa que me enojó tanto que estaba a punto de estallar. Pero si hubiera usado esas palabras, habría reavivado la pelea. Pero si los dos somos capaces de mirar hacia otro lado, como hacia el Norte, a un volcán retumbando y explotando, puedo dar a entender el punto de que yo estaba muy enojado, Y mi esposa puede ver mi emoción y comprender un poco de lo que está pasando dentro de mí. Noten la severidad del símil. Si hubiera dicho: "Me sentí enojado, como si estuviera caminando por la sala de estar y me hubiera golpeado el dedo en una almohada", eso indicaría que mi ira era leve. Pero si comparé mi ira con la explosión de una montaña, entonces he comunicado una forma más severa de la ira.

El uso de símiles ayuda a la pareja a enfocarse temporalmente en algo distinto fuera de la pareja. Puedes usar programas de televisión, películas, libros, personajes inventados, dibujos animados, personajes históricos, etc. Pero asegúrate de que tu símil toma el enfoque lejos de ustedes dos. Si dices: "Me sentí enojado, como la última vez que ...", tu enfoque es demasiado cercano y estás acusando a tu pareja de un evento pasado. Eso no está bien.

Diviértete creando símiles. Cuanto más escandaloso sea el símil, mejor será para la resolución de conflictos.

Regresando al problema que nos ocupa. Tiré un par de calcetines en la cesta. Uno de los calcetines aterrizó en el suelo, y yo simplemente me alejé. Dijimos muchas cosas odiosas tratando de hacer que el otro recogiera el calcetín. Terminamos tirando puertas y sin hablarnos durante tres días. Entonces, ¿por qué hice eso? "Bueno, me sentí... acorralado, como... cuando el Pato Lucas estaba pintando el piso, y siguió caminando hacia atrás hasta que se quedó atrapado en la esquina. Intentó girar a la derecha, luego a la izquierda. Pero no podía ir a ninguna parte. Así que gritó "Aaaaaaaaah" porque no sabía qué más hacer". Me gustan las caricaturas, ¿pueden notarlo? Pero básicamente le dije a mi esposa que la forma en que me hablaba me presionaba tanto y me "atrapó en un rincón" al punto que sentí que estaba explotando. El símil, viendo un pato de dibujos animados, no era amenazante. Y mi esposa, al menos por el momento, pudo ver lo que sucedió dentro de mí durante ese conflicto.

Ahora es el turno de mi esposa. ¿Por qué ella gritó y gritó y golpeó las puertas? "Bueno... me sentí... menospreciada... como si... me hubieran pedido que fuera a una cena en la casa de mi mejor amiga y cuando llegué me pusieron en la mesa de los niños. Ningún adulto me hablaría durante todo ese rato". Mi esposa me acaba de explicar que se sentía como si la tratara como a una niña con mis críticas y exigencias. Pero ese símil no fue amenazador y, al menos por un momento, pude mirar dentro de su corazón y sentir el dolor que experimentó durante nuestro conflicto.

Los primeros dos pasos en este modelo están diseñados para resolver las emociones y permitir que la pareja comience a conectarse en un nivel íntimo. Ustedes dos han demostrado amor al humillarse. Y, se han tomado el tiempo para mirar el corazón del otro. Ahora pueden lograr cualquier cosa. Es hora de ir al paso tres.

Este correo electrónico llegó hace unos minutos. Pensé que podrían agradecerlo.

Hola Bob,

    Gene y yo en realidad usamos tu herramienta CESAR Las Peleas anoche. Hicimos un terrible trabajo a la hora de inventar un símil y finalmente nos dimos por vencidos, pero terminamos divirtiéndonos mucho en el proceso. Gene dijo que ¡deberíamos haber intentado esto antes! Ji ji Gracias.

Paso Tres: la "S" significa "Soliciten Ayuda"

Ahora vamos a empezar a reparar el conflicto. En este paso, le pedirá a su pareja algún consejo sobre lo que usted podría haber hecho de manera diferente para que el problema no haya ocurrido o que no se haya salido de las manos. La lucha nos ciega de las necesidades del otro. Tenemos que tomar un tiempo aquí para averiguar qué hubiera ayudado a su cónyuge a manejar la situación de una manera mucho más tranquila.

Este es el siguiente paso perfecto. Ambos abrieron sus corazones (Paso Uno), confesando los errores que cometieron para causar el problema o agregar al problema. Ambos abrieron sus ojos y oídos (Paso Dos) mientras el otro describió la agitación emocional que sintió cuando el conflicto estaba en su apogeo. Se están conectando de una manera que probablemente no haya ocurrido durante cierto tiempo. Son humildes, cariñosos y tiernos. Ahora, escucha como el otro amablemente te da un consejo.

Puedes usar las palabras "tú", "usted" o "vos" en este paso. Pero también debe usar "tal vez" en las declaraciones de sus consejos. "Tal vez" hace dos cosas en la comunicación matrimonial. En primer lugar, suaviza la afirmación. Un padre puede hablarle a un niño con autoridad: "¡No hagas eso!". "¡No deberías haberlo hecho!" o "¡Debiste haber recogido tu calcetín!" Pero las parejas casadas NO PODRÁN hablar entre sí como lo harían con un niño. El uso de "tal vez" le permite hablar directamente con su cónyuge, pero sus declaraciones no se presentan como demandas. "Cariño, tal vez podrías haber recogido tu calcetín".

El segundo beneficio de utilizar "tal vez" es que le permite a su cónyuge conservar el derecho a elegir. Si un padre le ordenó a un niño que guardara sus juguetes, el niño no tiene otra opción, pero debe obedecer (con suerte) sin preguntas ni discusión. Las parejas casadas NO PUEDEN hablar entre sí como lo harían con un niño. Darle consejos o indicaciones a su cónyuge después de la palabra "tal vez" le permite a él / ella elegir si seguir o no este consejo. Pero con suerte, así como los compañeros humildes intentan resolver el conflicto y fortalecerlo, ambos considerarán seriamente lo que dice el otro.

Entonces, tiré mis calcetines al cesto y uno cayó al suelo. ¡Fue un accidente! Pero me alejé. Ella me gritó. Yo le grité a ella. Bueno, ya conocen el resto. En el Paso Tres, el marido va primero. Él dice: "Cariño, ¿qué pude haber hecho yo de manera diferente?" La esposa dice: "Bueno, tal vez podrías haber recogido tu calcetín. Y, tal vez no podrías haberme gritado cuando parecías irritado. Y, tal vez, podrías haber hablado conmigo durante esos días en que no hablamos y haberme pedido amablemente que te perdonara, o que lo conversáramos o algo así". La esposa dice todo lo necesario para aconsejar a su esposo amablemente sobre lo que ella piensa que hubiera sido un mejor escenario.

Cuando la esposa termina de dar consejos, le pregunta a su esposo: "Cariño, ¿qué podría haber hecho yo de manera diferente?" El esposo dice: "Bueno, tal vez podrías haberme pedido con más amabilidad que recogiera el calcetín. Y, tal vez no haberme dicho todos esos insultos horribles".

¿Qué logramos en este paso? Muchas veces, mientras discutimos, evitamos que nuestra pareja pueda expresar lo que percibió acerca de lo que salió mal en el argumento. Hablamos al mismo tiempo sobre la pareja o nos apagamos. Podemos mencionar eventos pasados o generalidades con la esperanza de destruir a nuestro cónyuge. Cuando esto sucede, ninguno de los dos es capaz de ventilar de una manera saludable, y ninguno es validado. El Paso Tres nos permite expresar nuestras opiniones sobre la situación, sabiendo que mi cónyuge realmente está escuchando. Si yo soy el que escucha en ese momento, realmente estoy viendo en el corazón de mi pareja y validando sus razonamientos. Es, nuevamente, una situación donde todos salen ganando.

¿Qué Sucede si Algo Sale Mal?

Siempre existe la posibilidad de que uno u otro rompan una regla y comiencen a hacer cosas que dificulten la resolución adecuada. La ruptura de reglas incluye: gritar, chillar, plantear otros problemas pasados, usar "usted" de una manera que lastima y degrada al otro, etc. Pero incluso aquí, las parejas NO PUEDEN hablar entre sí como lo harían con un niño. Por esta razón, la pareja debe tener una señal preestablecida que, cuando sea utilizada, indicará a la otra persona: "Creo que has roto una regla". Por mutuo acuerdo, entonces, la persona que esté hablando se detendrá, considerará lo que acaba de decir, pensará en una mejor manera de presentarlo e intentará nuevamente.

La señal podría ser una palabra de código secreto como "Arrugazancosdepiel" o "costero". "Cariño, ¿te gustaría un costero para tu vaso?"

Es posible que no hayan vasos ni copas en la mesa de resolución de conflictos, pero la mera mención de la palabra "costero" es la señal que dice: "Detengámonos e intentemos esto de nuevo".

La señal también puede ser un salero o algún otro objeto común de cocina que se encuentre en el borde de la mesa. Cuando uno cree que el otro ha infringido una regla, se acerca con suavidad, agarra el salero y lo coloca en el centro de la mesa. Una vez más, ambos acuerdan detenerse, pensar en lo que acaba de suceder, encontrar una mejor manera de decir lo que se dijo e intentarlo de nuevo.

Si la señal se emplea por segunda vez, el que está hablando ahora puede preguntar: "No estoy realmente seguro de lo que estoy haciendo mal. ¿Me podrías decir, por favor?". El otro le explica amablemente por qué piensan que se está rompiendo una regla.

¿Qué sucede si las cosas se desmoronan mientras se trabaja con el modelo C * E * S * A * R Las Peleas? Ustedes no pueden resolver un conflicto si hay emociones negativas o si uno o ambos no cooperan. Si las cosas comienzan a desmoronarse, deténganse inmediatamente y programen una cita para intentarlo de nuevo al día siguiente.

Foro Abierto

El foro abierto es el espacio entre el Paso Tres: "Soliciten Ayuda" y el Paso Cuatro: "Al Servir Encuentran La Solución". Cuando han logrado dar los primeros tres pasos, ahora tienen humildad, se han abierto, son honestos, comparten, perdonan y son amables al aconsejar. Cuando lleguen al cuarto paso, ¡habrán terminado! Bueno, ¿y si algo sucedió durante nuestra pelea que aún no se ha mencionado? Tu cónyuge no te lo confesó y / o se olvidó de mencionarlo cuando estaba dando consejos. Entonces, lo mencionas aquí en el foro abierto.

Las parejas deben asegurarse de que todo lo que sucedió durante el conflicto se mencione, se analice, se perdone y se elimine. Por ejemplo, supongamos que, al estar tan enojado con mi esposa por gritarme, fui a la casa de un amigo a quejarme de ella, y eso la enojó. Eso es algo de lo que definitivamente hay que hablar. Las reglas de este foro no son diferentes de los primeros tres pasos: ser humilde, hablar principalmente de ti mismo y utilizar "tal vez" muchas veces.

La esposa dice: "Cariño, cuando hablaste con tus amigos sobre lo que sucedió, bueno, eso realmente me dolió y no estoy segura de qué hacer al respecto". El esposo, siendo amable y humilde, dice: "Sí, eso fue realmente estúpido de mi parte. Por favor, perdóname".

El esposo puede decir: "Cariño, sé que te hice enojar, pero rompiste mi figura de dragón favorita. No estoy seguro si debería estar enojado por eso o simplemente dejarlo ir". La esposa, siendo amable y humilde, puede decir: "Sí, eso fue realmente tonto de mi parte. Por favor perdóname. Iré a ver si puedo comprar otro para compensártelo".

Lo que sea que la otra persona presente durante este foro abierto debe recibirse con la actitud de "resolvamos esto y continuemos". El foro abierto puede durar cinco minutos o cincuenta minutos. Todo depende de cuántas de esas cosas adicionales deban discutirse. Cuando ambos estén satisfechos de que todo ha sido conversado, continúen con el siguiente paso.

Paso cuatro - "A" Significa "Al Servir Encuentran La Solución"

Dado que todo conflicto comienza con el egoísmo, deben resolverse con des-egoísmo o servicio. En el tercer paso, ambos tuvieron la oportunidad de aconsejarse mutuamente sobre lo que pensaron que el otro debería haber hecho de manera diferente para que el problema nunca se haya detonado. Ahora, ambos se dirán entre sí qué harán la próxima vez para que no ocurra lo mismo.

Asegúrense de mantener separados los pasos tercero y cuarto. En el Paso Tres se enfocan en el incidente que ocurrió. En el Paso Cuatro, se enfocan en cómo evitar lo mismo en el futuro.

El esposo va primero: "Cariño, la próxima vez lo haré... recogeré el calcetín para que no tengamos una pelea tan ridícula". Y la próxima vez no te gritaré. Y si te parece que tal vez no estás muy amorosa conmigo, llegaré a buscarte y te preguntaré si podemos sentarnos y hablar estos asuntos". Entonces es el turno de la esposa: "Cariño, la próxima vez simplemente recogeré el calcetín yo misma y así no tendremos esta enorme pelea. O bien, la próxima vez te pediré más amablemente que recojas el calcetín. Y la próxima vez, no te gritaré. Y no voy a tirar las puertas e insultarte. Y no me alejaré durante tres días".

Paso Cinco: la "R" Significa "Remuevan" y "Recréense"

Debido a que siempre es perjudicial cuando se plantean problemas antiguos, especialmente los que ya se han resuelto, la pareja debe comprometerse a no mencionar esos eventos pasados. El problema aquí es que nunca olvidaremos lo que sucedió ese día que peleamos por un calcetín en el piso y nos negamos a hablarnos durante tres días. Cuando ocurre un problema similar, este correrá al frente de nuestras mentes. Por lo tanto, debemos comprometernos a dejar el pasado en el pasado.

Dios siempre da este quinto paso con nosotros. Jeremías una vez citó a Dios: "... perdonaré la maldad de ellos, y no me acordaré más de su pecado" (Jeremías 31:34). Así que estoy pensando, "Sí, claro. ¡Dios no puede olvidar!"¿Qué está diciendo realmente? "Prometo, a partir de este momento, no traer este pecado contra ustedes.

Nunca usaré este incidente pasado en mi actitud hacia ustedes. Y cada vez que interactuemos, tendremos una pizarra limpia". ¡Qué gran manera de ver cada nuevo problema en el matrimonio! ¡Tomen este compromiso!

Para remover este problema de sus vidas, el marido va primero. Su declaración de compromiso es: "Cariño, te prometo que no volveré a mencionar este incidente". La esposa hace lo mismo. Es una declaración pequeña, pero significa grandes cosas.

¿Hacer una declaración como ésta es igual que perdonar? Sí. El perdón no es un sentimiento. El perdón no es un arreglo o algún tipo de acuerdo. Es una decisión de no tener en cuenta errores pasados contra su compañero. ¡Celebren! Ustedes acaban de pasar tiempo humillándose, confesando errores, compartiendo sentimientos, pidiendo consejos, conversando de todos los aspectos del tema en cuestión y describiendo su comportamiento cambiado para que este tipo de incidente no vuelva a suceder. Tus palabras, actitudes e intenciones le han demostrado a tu pareja que él o ella es valioso, y que nada de esta lucha presente se interpondrá en el camino del verdadero amor. Ya te has comprometido a dejar todo esto atrás. La declaración es "la cereza del pastel". ¡Buen trabajo!

Ahora tienen que besarse y reconciliarse. Esta es la parte de "recrearse" en este paso. Si no se pueden besar, si todavía hay algunos malos sentimientos sobre este asunto, entonces no han completado con éxito los pasos de C*E*S*A*R Las Peleas. Si este es el caso, dejen todo esto a un lado y vuelvan a intentarlo mañana.

Pero si pueden besarse, bésense mucho. Y si esto los lleva a otras cosas, eso también está bien. He oído que el sexo de la reconciliación es bastante sorprendente. Diviértanse.

*****

¡Felicidades! Acaban de remover un problema de la nube que cuelga sobre su matrimonio. Puede ser que la nube no se sienta más liviana, pero acaban de pasar un tiempo en una comunicación saludable con tu pareja. Y, esto los llevó a la resolución de un problema, además de muchos besos. Ahora, planeen hacer esto de nuevo, tal vez incluso mañana. Cuanto más desarrollen estos pasos, más liviana se volverá su nube. La niebla se está levantando.

C*E*S*A*R Las Peleas

Pre-CESAR Regla #1: Decidan resolver solamente un problema o incidente.

Pre-CESAR Regla #2 – Programen una cita para la resolución.

C— Confiesen

Confiesen lo que hicieron para iniciar el problema o para aumentar el problema. No utilicen la palabra "tú", solamente hablen de ustedes mismos en primera persona.

E— Expliquen

¿Por qué hiciste lo que confesaste que hiciste? "Me sentí ___(presenta una emoción)___ como ___(presenta un símil)___".

S— Soliciten Ayuda

"Cariño, ¿qué pude yo haber hecho diferente?" Sean directos, digan lo que está en su corazón, pero utilicen la frase "tal vez" muchas veces.

(Foro Abierto)

Hablen sobre cualquier otra cosa que deba ser conversada y perdonada.

A— Al Servir Encuentran La Solución

"Cariño, esto es lo que haré la próxima vez para que no tengamos este mismo problema …"

R— Remuevan & Recréense

"Prometo que nunca volveré a mencionar este incidente".

(Bésense y reconcíliense. ¡Bésense mucho!)

Encontrar Un Lugar S*A*N*O
Para Conversar

EL MODELO DE RESOLUCIÓN DE CONFLICTOS del capítulo anterior tiene un lugar único en su matrimonio. Las parejas deben utilizar los pasos de C*E*S*A*R Las Peleas después de que un problema haya estallado. C*E*S*A*R Las Peleas está diseñado para reparar un incidente dañino.

Pero, ¿qué sucede con problemas importantes que deben abordarse? ¿Qué hay de esos temas peligrosos, ya saben, los que ustedes saben que se les saldrán de las manos una vez que sean mencionados? ¿Cómo podemos hablar de temas importantes de una manera que no nos explote? El Lugar S*A*N*O es una herramienta la cual puede ser utilizada para que la pareja pueda comenzar conversaciones sobre temas candentes.

La comunicación matrimonial se rompe cuando la conversación se convierte en argumento. Recuerden esto: en el momento en que se convierte en argumento, ambos han perdido la atención del otro. Ambos intentarán discutir más, calumniar más y gritar más que la otra persona. Esto los devuelve a una niebla muy peligrosa. Esto es lo que podría pasar:

- **Malentendido:** No solo hablas un idioma diferente al de tu pareja, sino que ahora piensas que aumentar el volumen de tu argumento de alguna manera permitirá mágicamente que tu compañero entienda un idioma extranjero.

- **No escuchar:** A menudo, ambas partes serán lo suficientemente educados como para permitir que el otro se ventile, pero solo esperan una apertura para contraatacar con sus propios argumentos.

- **Acumular hasta explotar:** El volumen del argumento aumenta, el nivel de energía aumenta y la tensión entre los dos se vuelve insoportable. Si no tienes cuidado, dirás y harás cosas que infligirán daños a largo plazo.

- **Viejos problemas salen a relucir:** En nuestro deseo de ganar argumentos, mencionamos faltas del pasado para castigar al otro. Es como si estuviéramos diciendo: "Ni siquiera tienes derecho a hablar conmigo por lo que hiciste el año pasado…". El presente argumento está eclipsado por CADA error del pasado.

- **El sarcasmo se convierte en la defensa:** "Oh, deberías hablar…" "Eso es simplemente brillante. ¿Por qué no nos lanzamos todos a un precipicio…?" Cuando usamos el sarcasmo, lo que comunicamos es: "Así de estúpido es tu argumento, y por cierto, así de estúpido eres tú..."

- **Insultos destinados a destruir:** Una vez que llegamos a la etapa de insultos, ya terminamos de discutir. Etiquetamos a la otra persona como que no tiene valor (sea cual sea el insulto particular que usemos) e intentamos seguir nuestro camino felices de la vida.

- **Daño duradero a la relación, FRUSTRACIÓN:** No estamos satisfechos con cómo se dieron las cosas. Estamos frustrados de no poder hacer que la otra persona entienda. No nos desahogamos con éxito. Los malos sentimientos permanecen adentro y devoran nuestros corazones.

- **Daño duradero a la relación, RESENTIMIENTO:** Cada vez que vemos a la otra persona, la ira se hincha en el interior. Cada vez que pensamos en el otro, la ira se hincha en el interior. Comenzamos a odiarnos a nosotros mismos a causa de la tontería que mostramos hasta por considerar que esta persona podría ser una buena pareja.

- **Daño duradero a la relación, APATÍA:** El odio no es la peor emoción que sienten las parejas entre sí. La apatía, cuando llegamos al punto en que ya no nos importa, es peor. Nos damos por vencidos. Si no tenemos cuidado, este podría ser el punto de "no hay vuelta atrás" para el matrimonio.

Jane vino a hablarme sobre un problema que estaban teniendo el cual causó muchos malos sentimientos entre ellos. Cuando se casó con Howard, Jane trajo a su hijo de 16 años a la nueva familia. Jane habló de cómo Howard y su hijo, Jim, no se llevan bien. Howard trata de actuar como el padre de Jim, pero Jim se resiste a esta idea y empuja vocalmente a esta nueva figura paterna lejos de su vida. La relación es una serie de argumentos y peleas. "Él solo le grita a Jim todo el tiempo. Es como si nunca pudiera hacer nada bien. Howard se enoja por todo lo que hace. He tratado de hablar con Howard muchas veces sobre esto, y él se enoja conmigo. Él dice que no lo respeto o

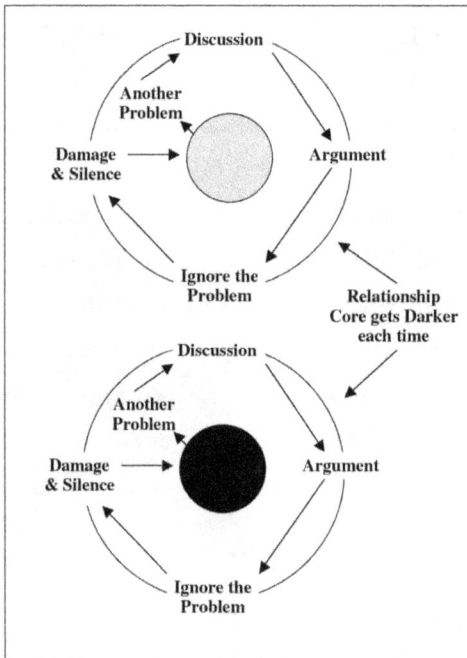

Discussion = Debate

Another Problem = Otro Problema

Damage & Silence = Daño & Silencio

Argument = Discusión

Ignore the Problem = Ignorar el Problema

Relationship Core gets Darker each time = El Núcleo de la Relación se Oscurece Cada Vez que yo no quiero que sea el hombre de nuestra casa. Me resigné al hecho de que nunca podemos hablar de esto. Pero me está comiendo por dentro. Estoy en el punto de ruptura. Si algo no cambia, me iré con mi hijo".

Howard y Jane, como muchas otras parejas, entran en un ciclo de discusión. Esto comienza con un asunto importante que debe ser conversado. El asunto se convierte en una discusión. Se inflige daño a ambas partes. Luego ingresan a la fase de silencio en la que ambos ignoran tanto el problema como a la pareja. Una vez que se completa el ciclo, los sentimientos de enfermedad continúan oscureciendo el núcleo del matrimonio, ¡para siempre! ¡Detengan esta locura!

Es hora de ir al Lugar S*A*N*O para hablar. Los siguientes pasos están diseñados para ayudarles a tener el enfoque correcto y la actitud correcta para hablar sobre temas importantes en su matrimonio. Síganlos cuidadosamente. Practíquenlos a diario. Eventualmente, podrán hacer lo que se supone que deben hacer naturalmente. Comencemos.

Paso Uno: La "S" Significa "Seguridad"

Sus argumentos se dan en los campos de batalla. Nada puede ser resuelto ahí. Entonces debemos ir al lugar opuesto. La Zona Segura, por acuerdo, es un lugar y un momento en el que ambas partes acuerdan hablar con calma sobre el tema. Ambas partes acuerdan que hablarán con la actitud de resolver el problema. Y, ambas partes acuerdan que vendrán con la actitud de "¿Qué puedo HACER para que mi compañero pueda ayudar a resolver esto?" Ambos deben sentirse seguros para desahogarse o describir una situación incómoda o volátil.

Lo primero que debe ocurrir en cualquier conflicto es programar la reunión. "Cariño, ¿crees que podríamos sentarnos a las 5:00 pm de esta tarde y hablar sobre esto?" Agendarlo es importante. Primero, pone la discusión en un momento posterior cuando ambos pueden enfriarse. En segundo lugar, permite que ambas partes piensen sobre el problema antes de llegar a la mesa. Ahora, este no es el momento de elaborar argumentos para probar que uno tiene la razón. Vamos al Lugar S*A*N*O para resolver lo que sea que esté dañando el matrimonio. En tercer lugar, permite la división de cuestiones negativas. Debemos enfrentar, abordar y resolver problemas en el matrimonio. Pero si programamos el momento adecuado para hacerlo, el resto del tiempo lo podemos dedicar a edificar nuestro matrimonio con conversaciones y comportamientos saludables. La compartimentalización también limita el tiempo dedicado al tema candente. Nunca inviertan más de una hora confrontando problemas. El tiempo ideal sería de 20 a 40 minutos. Si se pasa de este tiempo, acuerden en detenerse e inténtenlo de nuevo mañana.

Paso Dos: La "A" Significa "Anti-Acusaciones"

Los argumentos fallan cuando comienzan a acusar al otro en lugar de ofrecer explicaciones. Si continuamos acusando, nunca llegaremos al punto de comunicación real y mucho menos al punto de resolución. En este paso, ambos cónyuges acordarán diseñar sus declaraciones de una forma en la que el otro se sentirá lo suficientemente seguro como para escuchar realmente.

Lo primero que hay que recordar aquí es que a ninguno se le permite usar la palabra "usted" al principio. Demasiadas veces, las declaraciones con "usted" aparecen como acusaciones. "Lamento que te hayas enfadado". "Estaba tan enojada cuando llegaste tarde a casa y sin llamarme como se suponía que lo harías". Aunque las parejas necesitan conversar sobre el enojo y la infracción a las reglas, cuando surgen afirmaciones como estas la otra persona puede sentir que él o ella está siendo acusado de nuevo por alguna falta. La escucha se detiene y el Lugar S*A*N*O ya no es sano.

Elaboren sus declaraciones o preguntas sin "usted". "Cariño, la otra noche estaba tan enojada, tan molesta, y sé que realmente lo arruiné. Pero no sabía qué más hacer. ¿Qué puedo hacer al respecto?" Cuando las conversaciones comienzan de esta manera, la pareja obtiene una imagen clara de lo que podría estar sucediendo dentro de ti. Y, como no se notan muros de defensiva, él / ella podrá participar en la conversación.

"Cariño, cuando estaba en casa a las 8:00 de la noche anterior y estaba completamente sola, mi mente se volvió loca en cuanto a lo que estaba sucediendo. ¿Se suponía que debía enojarme, se suponía que debía preocuparme? No lo sé. Pero lo que hice fue explotar. Sé que probablemente no está bien, pero no sabía qué más hacer. ¿Qué puedo hacer?"

Intenta terminar tus declaraciones iniciales con una pregunta no amenazadora. De esta manera, tu pareja sentirá que él o ella está más dispuesto a resolver el problema que a ser un blanco para tu enojo.

Este paso también es un gran lugar para incluir símiles en tus descripciones. Al igual que en el capítulo anterior, puedes usar símiles para que tu pareja pueda ver cómo se ven tus emociones. Usa esta fórmula: me sentí ___(presenta una emoción)___ como ___(presenta un símil)___". "La otra noche estaba tan molesta, me sentí <u>tan asustada</u> como <u>una niña pequeña esperando en el parque, después de oscurecer, porque su padre dijo que estaría allí en una hora, pero ella esperó ahí toda la noche preguntándose si a su padre le importaba lo suficiente como para venir a recogerla</u>". Símiles pueden ser una excelente manera de expresar emociones. Pero ten cuidado de que tu símil esté lo suficientemente alejado de tu situación para que tu pareja no se ofenda con su ilustración.

Paso Tres: La "N" Significa "Neutralidad"

En los conflictos matrimoniales, una de las parejas suele ser más dominante en la conversación y / o comportamiento que la otra. Cuando esto sucede, el más débil puede intentar unirse a la discusión, pero cuando se siente abrumado, se apagará y simplemente recibirán todo lo que la pareja les tire. Esto nunca resulta en una resolución del problema. Solo lo extiende, lo pospone hasta la próxima vez que los temperamentos estallen.

En muchos argumentos, el ofendido es más vocal que el culpable. Cuando los argumentos comienzan de esta manera, el ofendido puede sentir ciertos derechos y privilegios por encima del otro. "No soy el que llegó tarde a casa". "No soy el que arruinó el auto". Si bien las declaraciones pueden ser ciertas, las actitudes nunca pueden ayudar a resolver ningún argumento. El que está equivocado ya sabe que está equivocado y probablemente sienta remordimiento. Pero si el cónyuge continúa la condena, el otro puede cerrarse sin saber cómo manejar el abuso. Sí, eso es correcto, abuso. No hay seguridad aquí, ni tampoco es sano. No se puede resolver los asuntos de esta manera.

Aunque tú seas la parte "inocente", debes venir al Lugar S*A*N*O con humildad, con la actitud de "¿Qué puedo HACER por mi pareja que ayude a resolver este asunto?"

La Neutralidad es donde ambas partes se sienten iguales, ambas pueden escucharse por igual y ambas trabajarán arduamente para resolver el problema. Entonces, sé amable cuando hablas, humilde cuando escuchas y motivador cuando resuelvas.

Paso Cuatro: La "O" Significa "Óptimas Emociones"

Incluso con las mejores intenciones, la conversación sana puede tomar un giro equivocado. ¿Qué aspecto tiene un giro equivocado?

- La ira u otras emociones fuertes vuelven a entrar en la discusión
- Uno parece estar criticando o condenando al otro en lugar de simplemente expresar emociones
- Uno parece estar elevando su voz
- Cualquiera de las reglas del Lugar S*A*N*O se infringieron

Incluso cuando las reglas aparentemente se rompen, a ninguno se le permite vigilar al otro o tratar al otro como a un niño. La pareja debe presentar algún tipo de señal donde, por mutuo acuerdo, esta significa que uno cree que el otro ha infringido una regla o que cree que la discusión está tomando un giro equivocado. La señal puede ser una palabra clave, o puede ser un objeto que se coloca en el centro de la mesa. De cualquier manera, cuando se emplea la señal, el que está hablando se detiene, considera lo que él o ella podría haber dicho que infringió las reglas y luego trata de comunicarse nuevamente. Si la señal se emplea por segunda vez, el que está hablando puede preguntar: "Cariño, no estoy realmente seguro de por qué usaste la señal. ¿Me podrías decir, por favor?". El otro, entonces, con amabilidad y humildad, explica por qué empleó la señal. "Cariño, me parece que estás levantando un poco la voz".

Se puede lograr mucho más cuando las parejas se comunican con humildad y con igualdad. Asegúrense de que sus emociones sean óptimas en todo momento.

Una Variación del
Lugar S*A*N*O

Hombres, hay momentos en los que nuestras esposas necesitan desahogarse. Es posible que solamente necesiten sacar algo doloroso del corazón. Cuando ella necesita hacer esto, es muy importante que no interfieras. Puedes ver que cuando ocurre un evento doloroso, este hiere los corazones de las mujeres. La forma de sanar el corazón es hablar sobre el dolor, no para solucionarlo, sino para sacarlo. Nosotros, los hombres, nunca podremos entender realmente esta necesidad. Puede ayudar si encuentra una copia de la canción "Sólo quiero estar enojada por un rato" (I just want to be mad for a while) de Terri Clark. Podría ayudar un poco. Aquí está la traducción del coro:

Nunca me iré. Nunca me desviaré. Mi amor por ti nunca cambiará. Pero no estoy lista para hacer las paces. Vamos a llegar a eso. Creo que tengo razón. Creo que estás equivocado.

Probablemente cederé en poco tiempo. Por favor no me hagas sonreír. Solo quiero estar enojada por un rato.

Hay momentos en que nuestras esposas necesitan procesar el dolor a su manera. A veces solo necesitan estar enojadas por un rato. A veces necesitan simplemente desahogarse. En aquellas ocasiones en que la ventilación es un paso necesario para procesar un conflicto, las parejas pueden usar esta variación del Lugar S*A*N*O.

Primero, mujeres informen a sus esposos que ustedes necesitan un tiempo para simplemente desahogarse. Sean claras con ellos acerca de su intención porque ellos no lo lograrán entender por sí solos. "Cariño, necesito pasar un tiempo desahogándome acerca de _____. ¿Te parece bien si yo soy la única que hablara y tú solamente me escuchas?"

Segundo, programen una cita. Maridos, deben llegar al nivel en el que están dispuestos a dejar todo y escuchar a sus esposas en el momento en que los necesitan. Pero esposa, si tú estás lista para desahogarte, y aunque tu esposo no esté de ánimo para escuchar desahogos, dale tiempo para prepararse. "Cariño, ¿está bien si nos sentamos a las 5:00pm hoy para sacar esto de mi corazón?"

Tercero, asegúrate de que esta sesión de ventilación no dure más de 30 minutos. Sería mejor si se limitara a 15 minutos. Tu esposo hará todo lo posible para escucharte y empatizar contigo. Pero será difícil. Ayúdale. Pon un límite de tiempo a tu ventilación. Si no sacas todo, di:

"Gracias por escuchar. No estoy segura de haber sacado todo todavía. ¿Podemos volver a hacer esto mañana a las 5:00 p.m.?"

Cuarto, cuando la ventilación termine, conversen en pareja para ver si se puede arreglar algo (por el bien del marido) y cómo podría resolverse. Humildemente conversen acerca de cómo cada uno de ustedes puede manejar situaciones futuras como esta de manera más saludable. Cuando hayan terminado, ¡bésense! Besarse siempre es bueno para una pareja casada.

Otra Variación del Lugar S*A*N*O

Las parejas a menudo tienen opiniones diferentes sobre asuntos que van desde lo trivial hasta lo más impactante, desde temas como la política hasta la crianza de los hijos. Este tipo de argumentos los pueden llevar a batallas a gran escala. Intenten una variación del Lugar S*A*N*O para hablar sobre estos temas, especialmente si no sabes cómo reaccionará tu pareja ante dichos temas.

Primero, programa una cita para hablar sobre un asunto específico. "Cariño, ¿estarías dispuesto a sentarte conmigo mañana a las 5:00 p.m. para poder hablarte de mis sentimientos acerca de _____?".

Segundo, pide un tiempo ininterrumpido para conversar. Pero asegúrate de que sea una cantidad de tiempo establecida. También le ofrecerás a tu pareja el mismo privilegio en una fecha diferente. "Me gustaría hablar contigo sobre esto durante unos 15 minutos, pero quiero que escuches y no hables. ¿Está bien?" Asegúrale a tu compañero que él o ella tendrá la misma oportunidad la próxima noche.

Tercero, obedece las reglas del Lugar S*A*N*O. A pesar de que tú hablarás todo el tiempo y tu pareja escuchará todo el rato, debes acercarte a este momento con una actitud humilde, sabiendo que estás mencionando algo que estás dispuesto a resolver. Asegúrate de hablar acerca de ti y evita usar "tú", "usted" y "vos" en tus comentarios. No quieres atacar a un blanco fácil.

Cuarto, si eres el único que escucha todo el tiempo, haz lo mejor que puedas para sintonizar las palabras del otro. Si puedes, has señas que demuestren que realmente estás escuchando. ¡No seas falso! Pero puedes decir cosas como: "¿En serio? Guau", "Oh, eso es terrible" o "Sí, te entiendo". Cuando tu pareja termine de hablar, asegúrale que quieres ayudar de cualquier forma para resolver o arreglar o llegar a un acuerdo sobre cualquier tema que se mencionó.

Quinto, programa una cita para que tu pareja pueda compartir. Si te tomó 15 minutos, permite que tu pareja tome la misma cantidad de tiempo. Asegúrate de que esta segunda ronda se realice al menos un día después para que no sea una represalia.

* * * * * * * *

El Lugar S*A*N*O es una gran herramienta para comenzar a hablar sobre asuntos difíciles. ¡Úsalo bien y mantén tu matrimonio seguro!

El Lugar S*A*N*O

S— Seguridad

Actitud: humilde. Atmósfera: tranquila. Discurso: amable.

A— Anti-Acusaciones

Habla acerca de ti mismo. Utiliza símiles. Termina con preguntas: "¿qué debo hacer?"

N— Neutralidad

Comuníquense como iguales. Actitud = "¿Qué puedo HACER YO por él / ella para resolver este asunto?"

O— Óptimas Emociones

¡Cuidado! No permitan que la situación se salga de control. Utilicen una contraseña para evitar que las cosas empeoren.

Hacer Un Plan
de Fidelidad

¿HAS ESCUCHADO EL PROVERBIO: El que falla en planear, planea fallar? Es verdad. Si no hacemos un plan para permanecer fieles, existe una mayor posibilidad de que nos encontremos en una aventura. Aquí hay algunas estadísticas impactantes:

- El 22 por ciento de los hombres y el 14 por ciento de las mujeres admiten tener relaciones extramaritales
- Un investigador estima que el 60 por ciento de todos los hombres y el 40 por ciento de todas las mujeres tendrán un romance extramarital en algún momento de sus vidas
- Uno de cada 2,7 matrimonios se ve afectado por los romances
- La mayoría de las parejas casadas afectadas por los romances permanecerán juntas
- Sólo el 17 por ciento de los divorcios en Estados Unidos son por romances

Aquí está mi propia estadística de mi experiencia de consejería: el 90 por ciento de todas las parejas que acuden a mí en busca de consejería tienen un romance en su pasado. La gente está siendo infiel en manada. Lo vemos todo el tiempo. Los medios casi normalizan los asuntos extramaritales, a menos que tenga buen sentido comercial condenar a una figura política en público. E, incluso entonces, la mayoría de esas parejas optan por permanecer juntas.

La infidelidad causa un daño enorme al matrimonio. Incluso si la pareja decide permanecer juntos, no suelen buscar el tipo de ayuda que necesitan para resolver el problema y llegar a una resolución. Viven "infelizmente para siempre".

Aunque parece que "todos engañan", no todos engañan. Y puedes hacer algo positivo, pro-activo, para asegurarte de que siempre serás fiel a tu pareja. Hacer un plan de fidelidad puede ser una de las cosas más románticas que puedes hacer el uno por el otro. Es un documento que anuncia a su pareja y al mundo que invertirá tiempo y energía para mantenerse fiel. Es un gran plan.

Asegúrate de que comprendes lo que te estamos pidiendo que hagas. Quiero que tú hagas un documento de una página, con cinco componentes, anunciando tus intenciones y actividades para mantenerte fiel. Cuando hayas terminado, este documento se firmará como lo harías con cualquier contrato vinculante. Ponle un sello oficial si tienes acceso a algo así. Luego colócalo en un marco y cuélgalo en la pared de tu sala de estar para que todos lo vean. Con eso en mente, comencemos.

Componente #1: Una Declaración de Amor

¿Recuerdas el día en que estabas de pie frente a un ministro religioso o un juez y anunciaste tu amor por la persona con quien te casaste? Esta declaración de amor es el mismo tipo de declaración que hiciste justo antes de que dijeras "¡Acepto!". Pero ahora es una declaración de re-compromiso por el amor que tienes por tu pareja. La razón por la que estás haciendo este plan de fidelidad es, en primer lugar, demostrar su amor eterno por él o ella. Comience su declaración con algo como: "Cariño, con todo mi corazón, te amo por ...". Haz que sea una declaración que puedas usar para interpretar el papel principal en una película, con música de orquesta de fondo, estrellas brillando en el cielo, y la luz de la luna golpeando tus ojos de manera perfecta. Debería hacer que tu cónyuge se derrita. Aquí hay un ejemplo:

Cariño, con todo mi corazón, te amo por haberme elegido entre todas las otras posibilidades en el mundo. Eres la mujer más maravillosa de mi vida. Nunca ha habido otra y nunca habrá otra.

¿Cursi? No. ¡Hermosa! Decir "te amo" debería ser una parte diaria de cada matrimonio. Pero aquí, en el marco de este magnífico documento de fidelidad, debería ser monumental. Tendemos a olvidar lo poderosas que pueden ser las palabras. Aprovecha esta oportunidad para abrir los oídos y el corazón de tu pareja.

Componente #2: Una Declaración de Compromiso

Hacer una declaración de amor debería ser una tarea fácil. Pero describir su compromiso de hacer que su matrimonio funcione por el resto de su vida puede ser un poco más desafiante. No pienses en el "resto de tu vida". En cambio, solamente haz un compromiso con tu pareja durante los próximos cincuenta o sesenta años.

No puedes permanecer fiel accidentalmente. Entonces, haz la declaración. Incluye cosas como "lo que sea necesario" o "todas mis fuerzas" o "siempre y para siempre". Aquí está mi declaración:

Hoy, encomiendo mi corazón, mi mente, mi alma y todas mis fuerzas a ti para mantenerme fiel a ti, y solamente a ti, por el resto de mi vida. Haré lo que sea necesario para mantenerme puro para ti, para nosotros, para nuestro matrimonio, para nuestra familia y para nuestro futuro.

¿Cuál hombre o mujer no quisiera escuchar estas palabras? Con declaraciones como esta, no solo prometen ser fieles, sino que también se están vertiendo romance por todos lados. Es como un regalo que continúa dando.

Componente #3: Pasos Para La Fidelidad

Fidelidad no significa simplemente una ausencia de infidelidad. Hay muchas parejas que no son infieles entre sí, pero tampoco tienen confianza en las intenciones de sus cónyuges. Ve más allá de una declaración general de que serás fiel. ¿Cómo permanecerás fiel? ¿Cuáles pasos tomarás para asegurarle a tu pareja que tus intenciones son buenas?

En esta sección, enumera los pasos que tomarás. Haz de tres a diez afirmaciones. Usa solamente declaraciones positivas aquí. En otras palabras, estas son cosas positivas y pro-activas que harás por tu pareja. Estos son algunos ejemplos de declaraciones:

- Te haré saber cuándo llegaré tarde a casa y por qué.
- No estaré solo en la oficina con alguien del sexo opuesto.
- Siempre seré honesto acerca de con quién estoy.
- Te presentaré a todos mis amigos y no tendré amigos que no conozcas.
- Mi teléfono celular y correo electrónico siempre estarán disponibles para ti si alguna vez quieres ver con quién me comunico.

• Solo hablaré cosas buenas sobre ti a mis amigos y compañeros de trabajo.

Si has estado teniendo problemas en el pasado con ciertos conflictos, haz una declaración de fidelidad que alivie el estrés de tu pareja sobre ti. Por ejemplo, si ha habido un problema acerca de llevar a un compañero de trabajo del sexo opuesto a su casa, escribe algo como: "no estaré solo en un automóvil con un compañero de trabajo del sexo opuesto". Este tipo de promesa te forzará a asegurarte de que alguien más viaje contigo cuando lleve a ese compañero de trabajo particular a casa. Pero estas cosas valen la pena si le aseguran a tu pareja tu fidelidad.

Componente #4: Mi Plan Para Cuando Algo Sale Mal

Aún cuando se tienen las mejores intenciones, suceden cosas que nos ponen en situaciones que intentamos evitar. Entonces, ¿qué hacemos ahora? Si te encuentras solo en la noche en tu lugar de trabajo con un compañero de trabajo del sexo opuesto, y no le dices a tu cónyuge por temor a que no confíe en ti, pero luego él o ella se dan cuenta, ¿estarás en grandes problemas? Las cosas suceden. Pero prepárate para lo que harás si te encuentras en una situación que estás intentando evitar.

En esta sección de su plan de fidelidad, dile a tu pareja cuáles pasos tomarás una vez que te encuentre en el lugar equivocado en el momento equivocado. Si le dices a tu pareja con anticipación y haces lo que dijiste que harías, tu pareja confiará en ti.

Permítanme ilustrar cuán efectiva puede ser esta sección en su propio matrimonio. Tengo un plan de fidelidad en mi práctica de consejería. Primero, no aconsejo a una mujer en mi oficina cuando no hay nadie en la recepción. Pero incluso entonces, después de entrar a mi oficina con mi cliente y cerrar la puerta (esto es necesario para la confidencialidad), ¿existe la posibilidad de que la cliente se pase de la raya y me haga una propuesta? Sí, la posibilidad es real. Incluso si una persona está sentada en el mostrador de la recepción, a solo 7 metros de donde mi cliente y yo estamos sentados, es posible que no le impida cruzar la línea, así que comenzamos a trabajar en el plan. En segundo lugar, la persona que está en la recepción conoce mi plan de fidelidad y está lista para actuar. En tercer lugar, ejecutamos el plan. Aquí está:

- Detengo todo, me levanto e invito a la persona que está sentada en la recepción para que entre en mi oficina con mi cliente y yo, y que sea como testigo.
- Luego le digo a mi cliente: "Usted ha cruzado la línea y ya no le aconsejaré. Si necesita que la refiera a alguien más, lo haré. Pero sepa esto, yo

voy a dejar mi oficina y encontraré a mi esposa y le contaré lo que sucedió hoy aquí. Y, aparte de mí, usted, mi esposa y mi recepcionista, nadie escuchará sobre este incidente. Ahora, por favor, salga de mi oficina".

- Luego voy a buscar a mi esposa y le explico lo que pasó.

¿Existe alguna posibilidad de que la clienta salga a mentir acerca de la situación y diga que yo me pasé de la raya y que así me meta en problemas? Sí, existe esa posibilidad. Pero, ¿qué crees que sería mejor, que yo le cuente a mi esposa lo que sucedió tan pronto como sucedió, o que esperemos un par de semanas o un par de meses para que los rumores lleguen a ella y luego intente explicarle a ella que yo era inocente? Independientemente si me meto en problemas o no por la mentira de la cliente, la única que realmente me importa en esa situación es mi esposa. Y ella sabrá, porque elaboramos el plan y ejecutamos el plan, que lo que dije es la verdad.

Aquí hay algunas declaraciones que puedes poner en este componente de tu plan de fidelidad. Asegúrate de abarcar las cosas que sucedieron en el pasado que causaron problemas entre tú y tu pareja.

- Me alejaré de mis amigos cuando empiecen a contar chistes sexuales.

- Si mi ex-novia llama o envía correos electrónicos, no responderé y te llamaré y te diré de inmediato lo que ha sucedido.
- Si un compañero de trabajo del sexo opuesto quiere que me quede tarde y trabaje solo con él o ella, lo rechazaré respetuosamente, incluso si eso significa que perderé dinero extra.
- Si un compañero de trabajo del sexo opuesto me invita a tomar una copa después del trabajo, diré: "No, gracias" o "Claro, a mi esposa y a mí nos encantaría salir a tomar algo".

Si te encuentras ejecutando uno de estos planes, asegúrate de comunicarte con tu pareja inmediatamente y hazle saber lo que sucedió.

Componente #5: Una Declaración de Fe en Mi Matrimonio

La razón por la que estás creando este plan de fidelidad es para protegerte a ti, a tu pareja y a tu matrimonio. ¿Por qué? ¿Qué tiene de especial el matrimonio que harás todo lo posible para garantizar su supervivencia? Eso es lo que necesitas decirle a tu pareja. Cuando termines este documento, dile a tu pareja lo especial que es el matrimonio para ti.

Aquí hay un ejemplo:

Cariño, no hay nada más importante para mí que tú. Quiero que nuestro matrimonio dure para que podamos envejecer juntos. Prometo ser el esposo que necesitas y honrar los votos que hice contigo hace 33 años. Te amo.

Esta declaración es tan hermosa como cuando se dice "Acepto" y te ayudará a volver a comprometer tu vida con tu pareja.

Antes de Crear el Documento

Todo el propósito de crear un plan de fidelidad es asegurarle a tu pareja tu amor y fidelidad. Quiero que busques en tu propio corazón y obtengas afirmaciones. Pero considera lo que tu pareja podría querer ver en tu plan.

Al final de este capítulo, encontrarás una hoja de trabajo titulada "Antes de escribir tu plan". Como pareja, deben sentarse y preguntarse: "¿Qué te gustaría ver en mi plan de fidelidad?" Puede que descubras que tu pareja tiene una preocupación de la que no era consciente.

Mary y Barry se sentaron a trabajar en este ejercicio una noche. Mary le confesó a su esposo que se sentía incómoda cuando él iba al banco. A ella le parecía que siempre iba cuando sabía que una cierta cajera estaría ahí, y que él esperaría a que ella lo atendiera. Mary fue al banco con Barry un día y lo vio coquetear con la cajera. Barry no sintió que estaba coqueteando. Pero no importaba. Si su esposa tiene un problema con esa cajera, él haría un plan que aseguraría a su esposa su fidelidad. Cuando llegó el momento de presentar su plan a su esposa, Barry había incluido estas palabras: "Ya no usaré la sucursal de la Avenida 117 para hacer mis depósitos. Usaré la sucursal de la Calle Hickory. Y, en cualquier momento que quieras acompañarme al banco, me sentiré honrado."

Haz una cita con tu pareja para revisar la hoja de trabajo. Reserva de media hora a una hora de tiempo ininterrumpido. No se digan qué escribir. Dile amablemente a tu pareja qué te ayudaría a sentirte más seguro. Una vez que tengas esta información, sal y escribe tu plan de fidelidad.

Crea el Documento

Usa tu imaginación cuando se trata de crear el documento del Plan de Fidelidad. Puede parecer un diploma o certificado de matrimonio. Softwares como Word y Publisher pueden ayudarte a diseñar algo de acuerdo a tus propios gustos. Tú puedes, como algunas parejas lo han hecho, escribir el plan a mano. Una mujer cortó una tarjeta con forma de corazón de un papel de construcción y escribió su plan alrededor de todas las curvas del corazón. Lo que sea que quieras hacer, hazlo. Luego, cuando esté listo, establezca un tiempo especial para presentárselo. Antes de dárselo a tu pareja, léelo a él o ella. Te sentirás más cerca de lo que te has sentido en mucho tiempo.

Al final de este capítulo hay una plantilla de Plan de Fidelidad para que puedas ver los cinco componentes que deben incluirse. Puedes copiar la plantilla exactamente como está o revisarla para que se ajuste a tus necesidades.

También hemos incluido al final de este capítulo los planes reales de fidelidad de una pareja que había asistido a uno de mis talleres matrimoniales. Estaban tan entusiasmados con el plan de fidelidad que se fueron a casa a trabajar inmediatamente después del taller.

Enfoca tu mente en tu pareja. Es él o ella a quien quieres impresionar. Da garantías, otorga amor y construye confianza.

Antes de que escribas tu plan...

El plan de fidelidad es tu regalo a tu pareja. Tiene que venir de tu corazón. Pero se supone que va a tocar el corazón de tu pareja. Entonces, aunque tu pareja no debe decirte qué escribir, debes saber qué es lo importante para tu pareja. El siguiente ejercicio le brinda a ambos la oportunidad de sugerir lo que sería importante para ti mientras lees el plan de fidelidad de tu pareja. Por lo tanto, inviertan tiempo dándose sugerencias. Ejemplo: "Me gustaría ver algo acerca de no hablar sobre mi hermana" o "Me gustaría ver algo acerca de no compararme con tu ex".

PARA EL ESPOSO, ¿QUÉ TE GUSTARÍA VER EN EL PLAN DE FIDELIDAD DE TU ESPOSA?

1. _____
2. _____
3. _____
4. _____
5. _____
6. _____

PARA LA ESPOSA, ¿QUÉ TE GUSTARÍA VER EN EL PLAN DE FIDELIDAD DE TU ESPOSO?

1. _____
2. _____
3. _____
4. _____
5. _____
6. _____

Plantilla—

Mi Compromiso para Ser Fiel

Mi amor, con todo mi corazón…

Hoy, comprometo mi corazón, mi alma, a ti…

Para demostrar mi compromiso contigo, yo:

1. Siempre te diré si voy a llegar tarde …

2. Te presentaré a todos mis amigos …

3.

4.

5.

Si algo sale mal, yo:

1. Llamarte inmediatamente y contarte lo que pasó.

2. Te mostraré todos los correos electrónicos que reciba de mi ex

3.

4.

5.

No hay nada más importante para mí en la vida que tú.

   Quiero que nuestro matrimonio dure hasta …

_____   _____

   Firma   *Fecha*

EJEMPLO DE "PLAN DE FIDELIDAD"

MI PLAN DE FIDELIDAD A MI ESPOSO

MI AMOR MÁS GRANDE, el amor de mi vida: Te amo más de lo que las palabras pueden expresar por sacrificar tanto para estar conmigo. Gracias por amarme, incluidas las faltas. Eres el único hombre que siempre necesitaré, el único hombre que quiero.

Hoy y siempre, te entrego todo mi corazón, mente, cuerpo y alma. Estos son tuyos y solo tuyos para nutrir, consolar, aceptar y amar. Estoy dispuesta a hacer lo que sea necesario para proteger la santidad de nuestro matrimonio. Estoy comprometida solo contigo hasta que mis días en la tierra hayan terminado.

Prometo ejecutar el siguiente plan:
- Siempre te avisaré si llego tarde y por qué.
- Siempre seré honesta acerca de dónde estoy y con quién estoy.
- Te presentaré a todas mis amigas, y no tendré amigos que no conozcas.
- Nunca haré nada a solas con alguien del sexo opuesto.
- Mi teléfono celular y correo electrónico siempre estarán disponibles para ti.
- Siempre hablaré solo cosas buenas sobre ti a mis amigas, familiares y compañeras de trabajo.
- Mantendré toda la comunicación con los miembros del sexo opuesto en un foro público (por ejemplo: Facebook, Instagram).
- Si alguna vez siento la necesidad de buscar algo que me falta, lo buscaré de ti y solo de ti.
- SIEMPRE te diré la verdad, manteniendo total honestidad y transparencia.

Si surge alguna situación incómoda, prometo seguir este plan:
- Si algún ex me llama, o me escribe un mensaje o correo electrónico, no le contestaré y te lo haré saber de inmediato.
- Si alguien del sexo opuesto me pide que haga algo con él, respetuosamente lo rechazaré o me aseguraré de que tú también seas bienvenido.
- Si alguien me pretende sabiendo que estoy casada, cesaré de inmediato todo contacto con él y te diré lo que sucedió.

Todos los días por el resto de mi vida, este matrimonio es mi principal prioridad. Le daré cada gramo de fuerza y energía para asegurarme de que estés seguro de que nunca me desviaría y permaneceré en devoción para ti. Prometo ser todo lo que necesitas y más, y honraré con orgullo los votos que hice el día de nuestra boda. ¡Te amo Jon!

Lacey	Fecha
Tu Esposa Que te Amará Por Siempre	

EJEMPLO DE "PLAN DE FIDELIDAD"

MI PLAN DE FIDELIDAD A MI ESPOSA

MI AMOR, MI FORTALEZA, MI ESPOSA. Realmente te amo de todas las maneras posibles, y estoy agradecido de que estés en mi vida. Nunca he conocido un amor tan verdadero y nunca conoceré un amor tan verdadero.

Hoy y por el resto de mi vida me comprometo; Desde mi corazón y mi alma, mi cuerpo y mi mente, que soy tuyo por toda la eternidad.

Mis Planes para La Fidelidad ...
Te dejaré saber dónde estoy y lo que estoy haciendo mientras no esté contigo.
Siempre seré honesto acerca de con quién estoy.
Te presentaré a todos mis amigos que no conozcas.
Mi teléfono celular y mis correos electrónicos siempre estarán disponibles si alguna vez deseas verlos.
Solo hablaré cosas buenas sobre ti a mis amigos y compañeros de trabajo.

Si surgen situaciones incómodas ...
Si una exnovia me envía un correo electrónico, no responderé.
Y seré honesto y te lo diré enseguida.
Si un miembro del sexo opuesto se pasa de la raya o está interesada en ser algo más que amigos, les anunciaré que ya estoy casado.
¡Casado con la mujer más bella que Dios haya creado!

Mi amor, mi Fuerza, mi Esposa...

No pondré nada ante ti o nuestra relación nuevamente. Quiero vivir nuestros sueños juntos en un matrimonio que durará y crecerá más fuerte de lo que jamás se haya imaginado.
Prometo ser el esposo que necesitas y mereces,
prometo honrar mis votos hasta que la muerte nos separe.
Te amo Lacey ... con todo lo que soy. — Jon

_____   _____
                Jon   Fecha

Nota: En una carta que acompañaba estos Planes de Fidelidad, Lacey dijo:

Hace un mes, Jon y yo estábamos listos para terminar todo, hasta el punto de que él se mudó y yo contraté a un abogado. Quería enviarte los Planes de Fidelidad, el de Jon y el mío. Nosotros hicimos nuestra tarea fuera de lo común. Dada nuestra situación específica, sentimos que había una mayor prioridad para lograr que los Planes de Fidelidad se hicieran de inmediato. Ambos disfrutamos mucho haciendo esto, y sé que me sentí muy bien al escuchar estas promesas de parte de él.

¿Qué Sucede si Yo Soy el Único Que Quiere Que Mi Matrimonio Funcione?

TODO ES MATEMÁTICO. Se trata de los números. Digamos que tanto el esposo como la esposa están dispuestos a hacer un esfuerzo del 100 por ciento para hacer que su matrimonio sea hermoso y fantástico. Bueno, matemáticamente, 100 más 100 es igual a 200. Entonces, tienes un matrimonio del 200 por ciento. (Confía en mí, esto es lo que sucede).

Supongamos que, una mañana, la esposa se despierta y no está tan contenta de estar casada, por lo que comienza a esforzarse solamente en un 40 por ciento. Bueno, si el esposo hace su esfuerzo al 100 por ciento a pesar de lo que hace su esposa, ¡la pareja todavía tiene un matrimonio del 140 por ciento! Lo mismo es cierto si el esposo da solo el 40 por ciento cuando la esposa da el 100 por ciento. ¡Los números no mienten!

Entonces, ustedes terminan de leer este fantástico libro y pronto descubrirán que su cónyuge simplemente no quiere trabajar tan duro para hacer que su matrimonio funcione. En primer lugar, ¡debería darle vergüenza a su cónyuge!

Sin embargo, si estás dispuesto a trabajar, puedes tener un buen matrimonio incluso si tu cónyuge solo da el 20 por ciento. ¿Ves cómo funciona?

Ahora, me doy cuenta de que mis matemáticas pueden no seguir el patrón de los principios matemáticos, ¡pero en el matrimonio esto funciona! En este capítulo, descubrirás ideas y herramientas que puedes utilizar para mejorar tu matrimonio, incluso si crees que eres el único que está intentando hacer que funcione. Estos principios funcionan. Pruébalos. Comprométete con ellos. Y disfruta del paseo.

Estas Son Algunas Cosas Que Debemos Evitar

Así que ya estás listo para comenzar a trabajar en tu matrimonio. Funcionará. ¡Créeme! Pero asegúrate de hacerlo de la manera correcta. Debes tener la actitud y los comportamientos adecuados para que todo esto salga bien.

#1— El matrimonio 50/50 no funcionará. Nosotros hicimos las matemáticas por ti. El matrimonio 100/100 cubrirá los momentos en que uno o ambos cónyuges no estén dispuestos o no puedan aportar al matrimonio tanto como deberían. Si prefieres optar por el matrimonio 50/50, ya has sido derrotado.

- El matrimonio 50/50 limita el amor que estás dispuesto a dar. Decides que solo amarás hasta cierto punto, a la misma cantidad de amor que tu pareja está dispuesta a dar. Entonces, nunca le das más de la mitad de tu amor, y la mayoría de las veces es mucho menos.

- El matrimonio 50/50 no funciona en absoluto si uno o ambos miembros de la pareja tienen el menor indicio de inseguridad o infelicidad. Una vez que decido alejarme de mi 50 por ciento completo, ya he creado división en mi matrimonio. "¡Una casa dividida contra sí misma no puede sostenerse!"

- El matrimonio 50/50 produce una brecha matrimonial. Llámalo como quieras. Es feo. La brecha de amor, la brecha de comunicación, la brecha de intimidad, la brecha de confianza. Y, si no nos estamos moviendo en una dirección que va hacia nuestra pareja, más cerca de nuestra pareja, nos estamos alejando.

#2— Esperar a que tu pareja tome la iniciativa no funcionará. Todo problema o conflicto comienza con el egoísmo. Quiero esto, necesito esto, exijo esto. Así que si esperas, estás mostrando más egoísmo. "No haré _____ si él no hace _____".

¿Recuerdas la primera película de "Mi Pobre Angelito"? El anciano que vivía al lado de Kevin tuvo una pelea con su hijo años antes y ninguno de los dos quería ser el primero en decir "Lo siento". El anciano tenía que ver a su nieta en el ensayo de la misa de Navidad porque no podía asistir a misa con su propio hijo. Kevin dijo algo como: "No se ofenda, señor, pero parece un poco tonto". Kevin, el niño de 7 años de edad, hizo que el anciano considerara hacer el primer movimiento y contactar a su hijo. Cuando termina la película, vemos al hijo, a la nuera y a la nieta teniendo una gran reunión en la casa del anciano en la mañana de Navidad.

¿No quieres dar el primer paso para ayudar a que tu matrimonio se fortalezca? Parece un poco tonto.

#3— Regatear por posiciones no funcionará. Negociar es otra forma de decirlo. Pero en realidad es solo una forma indirecta de controlar al otro. ¡Esto no es bueno en el matrimonio!

Todo regateo comienza con: "Esto es lo que quiero…" ¿Qué está mal con esta imagen? Es el epítome del egoísmo. La negociación solo funciona para quien es mejor egoísta.

Si regateo, y acepto servir a mi pareja en base a un acuerdo o expectativa de algo que se va a recibir, he pintado una imagen de la ley contractual, no del matrimonio. Hay algo drásticamente mal con un matrimonio basado en legalidades.

Si regateo para obtener una posición, entonces cualquier actividad que tome lugar bajo este tipo de acuerdo tiene una "obligación" como motivo. Esto no es amor. Esto no es matrimonio.

#4— Molestar a tu pareja no funcionará. Aunque no nos guste, podemos deslizarnos a una posición en la que nuestra ira controlará nuestros pensamientos y nuestras palabras. En lugar de una comunicación saludable que ayude a tu pareja a acercarse a tu corazón, puedes arremeter contra tu pareja con burlas y sermones acerca de cómo él o ella no está haciendo lo que es correcto y cómo tú mereces algo mejor. En primer lugar, lo que dices durante tu discurso o sermón suele ser correcto. Pero la forma en que lo dices, entrelazada con la ira, los insultos, las insinuaciones y los castigos, no logrará lo que quieres lograr. Fastidiar te pone por encima de tu pareja, menospreciando su estupidez y sus fallas. No es una buena foto para un matrimonio amoroso y saludable.

Ser el único en su matrimonio dispuesto a trabajar y hacer lo correcto puede ser frustrante a veces. Pero, ejecuta el plan. No recurras al fastidio. Eso puede alejar a tu pareja aún más.

Las Reglas del 90 Por Ciento

Las ideas, los mensajes, las sugerencias prácticas y las herramientas de este libro son ayudas comprobadas para ayudar a las parejas a construir matrimonios saludables, felices, amorosos y duraderos. Cuando las parejas se toman el tiempo para comunicarse, se construye la intimidad. El cielo es el límite de lo que una pareja puede lograr cuando trabajan juntos en su matrimonio.

Pero el problema común en la reparación del matrimonio surge casi el 90 por ciento de las veces. El problema común es que generalmente solo uno de los cónyuges quiere trabajar en el matrimonio, mientras que el otro está satisfecho con el matrimonio tal como está o se ha vuelto demasiado apático con el matrimonio como para que le importe. Casi el 90 por ciento de las veces, la esposa es la que quiere trabajar para mejorar el matrimonio. Y, dado que casi el 90 por ciento de todos los libros son comprados por mujeres, si estás leyendo este libro antes de que lo haga tu pareja, hay un 90 por ciento de probabilidades de que seas una mujer que busca formas de mejorar tu matrimonio. También existe una posibilidad del 90 por ciento de que hayas leído otros libros de matrimonio y te hayas frustrado cuando intentaste que tu pareja leyera o practicara un estilo de vida saludable en el matrimonio. Mujeres, los chicos sienten lo mismo; simplemente no hablan de eso. Pero tú puedes cambiar tu matrimonio cambiando tus actitudes y comportamientos.

Hombres, este último capítulo, cuando se aplique, superarán cualquier esfuerzo que su esposa pueda dedicar a su matrimonio. Cuando una mujer trabaja en su matrimonio, ella puede ser levantada como un hermoso ángel de esperanza. Pero cuando trabajas en tu matrimonio, serás elevado como el caballero con una armadura brillante, que vendrá a rescatar y proteger. No hay nada más hermoso en este mundo que un hombre poderoso que se humilla ante la reina de su vida.

¿Puedes tener un mejor matrimonio incluso si eres el único que está dispuesto a comenzar a hacer lo que se necesita hacer? ¡Absolutamente! Las bendiciones y los beneficios de trabajar en tu matrimonio no dependen totalmente del comportamiento de tu pareja. Puede funcionar.

Una mujer acude a su abogado para presentar los documentos de divorcio. "Estoy harta de él. Él es indiferente, sin amor. Él nunca me habla. Entierra su cabeza en el periódico o entra en la sala de computadoras y permanece allí hasta la hora de acostarse. Y cuando él me habla, no habla. Él me grita. Ojalá nunca me hubiera casado con él. ¡Quiero el divorcio! Quiero que él sufra por lo que me hizo a mí y a nuestro matrimonio". Mientras hablaban la mujer y su abogado, idearon un plan para destruir mental y emocionalmente al marido. "Esto es lo que vas a hacer", dijo el abogado. "Vete a casa y durante los próximos tres meses, haz todo lo que puedas por tu esposo. Frota su espalda, frota sus pies, tráele su cena, sé un animal en la cama. Ten cuidado de todas sus necesidades. Luego, cuando se sienta seguro en el matrimonio, BUM, archivaremos los papeles del divorcio y haremos que caiga en la trampa. ¡Esto lo destruirá!" La mujer se va a casa y durante los próximos tres meses pone todas sus energías en asegurarse de que su esposo tenga todo lo que necesita o desea. Al final de los tres meses, el abogado llamó a la mujer y le dijo: "Ya es hora. Ven a mi oficina, firma estos papeles y destruiremos el saco de basura con el que estás casada". Pero la mujer se opuso: "¿Por qué me divorciaré de este hombre? Es el esposo más maravilloso que alguien pueda tener".

Su matrimonio puede reflejar esta historia. Cuando nos esforzamos por hacer feliz a nuestra pareja, incluso si no lo merecen, suceden varias cosas:

- Dejamos de preocuparnos tanto por las fallas de nuestra pareja.
- Comenzamos a invertir energía positiva que aumenta dramáticamente nuestra salud física y emocional.
- Comenzamos a disfrutar de los beneficios que siempre siguen los actos de amor.

Es una situación donde todos salen ganando. Sería aún mejor si tu pareja le pone la misma cantidad de esfuerzo. Pero por ahora, no te preocupes por eso. Simplemente hazlo. Encontrarás que tu pareja se vuelve más bella cada día que decides servir.

Un enfoque equilibrado

Independientemente del tiempo que tengas disponible para dedicarte a trabajar en tu matrimonio, asegúrate de tener una proporción de alrededor de 90/10 entre atender las necesidades de tu pareja y hablar sobre temas candentes. En general, esto significa invertir el 90 por ciento de su tiempo en una interacción positiva para construir el matrimonio, y gastar el 10 por ciento de su tiempo luchando o resolviendo conflictos. Hagan una encuesta rápida de cuántas horas ustedes interactúan cada día como pareja casada. Ambos van a trabajar, cenan y posiblemente tengan otras obligaciones nocturnas. Entonces,

¿cuánto tiempo, cada día, puedes reservar para trabajar proactivamente para mejorar tu matrimonio? Digamos que tienes una hora y media cada día. Esto es bueno, por ahora, pero espero que aumente en el futuro. Este es el marco de tiempo que necesitas intentar todos los días.

Toda la idea del servicio es averiguar qué es lo que su pareja necesita o quiere y satisfacer esas necesidades lo mejor que puedas. ¿Recuerdas el efecto Madre Teresa? Incluso si el que recibe tus actos de servicio no merece lo que darás o no podrá ser recíproco, seguirás sintiendo una enorme sensación de bienestar que está incorporada en cada acto. Esa es la satisfacción del amor verdadero.

Asegúrate de que lo que hagas por tu pareja sea en conjunto con el lenguaje de amor de tu pareja (vea Gary Chapman, Los Cinco Lenguajes del Amor, Chicago: Northfield Publishing, 2004). Por ejemplo, si tu pareja disfruta recibir actos de servicio, entonces haz cosas por él / ella. Si el lenguaje de amor de tu pareja es tiempo de calidad, dedícale el tiempo sentado y escúchale cuando cuenta sobre eventos actuales, esperanzas y sueños. Los otros tres lenguajes del amor son recibir regalos, palabras de afirmación y contacto físico. Sé sensible a lo que él o ella realmente quiere o necesita.

No intentes abordar problemas difíciles todos los días de la semana. Una tarde cada semana sería un buen plan al principio para acercarte a tu cónyuge a conversar y resolver conflictos. Trata de mantener tu interacción positiva e interacción negativa en una proporción de 90/10. Tu pareja estará menos a la defensiva sobre los problemas si nota un cambio en su comportamiento y actitud. Si al principio, tu compañero sigue siendo receloso, o incluso te dice: "Oh, ahora sé por qué has sido tan amable, quieres atacarme ahora", no lo tomes como un fracaso. Solo di algo como: "No, estoy siendo amable contigo porque te amo. Hablar sobre temas problemáticos es un tema aparte. Si no estás listo para hablar en este momento, está bien. Tal vez podamos hablar la próxima semana en algún momento". Luego, vuelve al modo de servidor.

Cuando te acerques a tu pareja para conversar acerca de problemas, acércate con una solicitud amable. "Cariño, ¿crees que podríamos hablar de _____ por unos minutos?". Una solicitud aún mejor es por un tiempo en el futuro cercano que le permita estar más preparado. "Cariño, ¿crees que podríamos hablar mañana a las 5:00 pm acerca de _____?"

Pase lo que pase, continúa con tus actos de servicio. Ayudarán a tu pareja a ver tu sinceridad y se sentirán cómodo al hablarte de nuevo.

Servicio Versus Esclavitud

Algunos se opondrán a la idea de servir sin recibir nada a cambio. Aquí hay algunas quejas que he escuchado:

"Traté de servirle, pero él simplemente me pisotea".

"No quiero hacer lo que él quiere que haga. Es asqueroso".

"Trato de servir, pero ella no se da cuenta. Ella no hace nada por mí".

"No funcionará. Cuanto más sirvo, más espera que haga. No hay suficientes horas en el día para cuidarlo".

Todas estas afirmaciones apuntan a una falta de comprensión del servicio versus la esclavitud. Estas son mis definiciones de ambas palabras:

Esclavitud: impotencia absoluta. Una persona "posee" a la otra. El esclavo no puede pensar por sí mismo. Debe obedecer, ignorando lo que es correcto, apropiado o repugnante. Abusivo, controlador, insatisfactorio. Contra la ley en Estados Unidos.

Servicio: ¡elección! Un servidor puede elegir qué hacer, cuándo hacerlo, cómo hacerlo, con qué frecuencia hacerlo y la intensidad de lo que se hace. El servidor se niega a ser esclavo y no salta a las exigencias del otro. Si el servidor está demasiado cansado, no tiene que hacer nada. Siempre es una elección.

Usa las siguientes preguntas para determinar si tu acto de servicio es la servidumbre, la esclavitud o solo una parte de su rutina diaria.

1. ¿Escogiste lo que hiciste por tu pareja? En caso afirmativo, servidumbre. Si no, la esclavitud. Si es lo que haces para él o ella todos los días: rutina.

2. ¿Disfrutaste haciéndolo? Esta es una pregunta tramposa. No tienes que disfrutar del acto de servicio. Solo lo haces porque sabes que tu pareja lo disfrutará.

3. ¿Fue lo que intentaste repugnante o incómodo para ti? Un servidor tiene el control de su comportamiento en todo momento. Si no quieres hacerlo, no lo hagas.

4. ¿Lo hiciste con esperanzas o expectativas de que tu pareja respondiera con aprecio o con un acto de bondad? Si tenía alguna expectativa, el acto no fue un verdadero servicio.

5. ¿Lo hiciste como parte de una rutina normal en tu matrimonio? Si es así, es rutina. Podría ser servicio. Pero esto requeriría un énfasis especial para hacerlo por la única razón de hacer feliz a tu pareja. Entonces, ¿hiciste un esfuerzo adicional para hacer algo que sabes que tu pareja necesitaba o quería?

Ten cuidado en esta área. Invierte mucha energía en ser un siervo para tu pareja. Pero no pierdas un segundo siendo esclavo.

¿Cuánto Tiempo Durará Esto?

Les conté mi historia en la primera parte de este libro. Mi propio matrimonio había llegado al punto en que no era muy divertido. No era saludable. Y, aunque podía ayudar a otras parejas a encaminarse hacia un matrimonio saludable y en crecimiento, me iría a casa y disfrutaría de una existencia mediocre. Hasta ese día, cuando tuve una epifanía. Me dije a mí mismo: "Probablemente debería hacer en mi matrimonio lo que le digo a otras parejas que hagan". Decidí ser el servidor de mi esposa. Dejé de pensar en las cosas que me volvían loco, me molestaban o me enojaban. Tomé una decisión consciente de servir, sin esperar nada a cambio.

Recuerdo que me tomó cerca de un año, doce meses, para mí. Un día me desperté y me di cuenta de que tenía la esposa más hermosa y maravillosa de todas. Entonces traté de analizar cómo sucedió todo. Recordé que mi esposa no había cambiado mucho en ese año. Pero me di cuenta de que yo sí cambié drásticamente mi actitud y mi comportamiento hacia mi esposa. ¡Funcionó! Comencé a servirle, sin esperar nada a cambio, ¡y funcionó! Ahora soy un servidor feliz en mi trigésimo cuarto año de matrimonio.

¿Te llevará un año? Tal vez sí, tal vez no. Para mí, me tomó un año entero notar el cambio. Pero repasando ese año vi que muchas veces estábamos mucho mejor.

Entonces, solo comienza y no te preocupes por el tiempo que tomará. Encontrarás buenos cambios inmediatamente, principalmente dentro de ti. Y cuanto más sirvas, mejor te sentirás contigo mismo y con tu pareja.

El Desafío de 60 Días

Por la presente, te presento un desafío de 60 días para ser un servidor en tu matrimonio, incluso si tu compañero no hace lo mismo. Este desafío está diseñado para impulsar sus esfuerzos hacia un matrimonio saludable y para encaminarte de forma correcta para lograrlo.

Los primeros 30 días.
* **DCB: Dos Cosas Bonitas.** Necesitas encontrar dos cosas que puedes hacer por tu pareja, todas las semanas, por el único motivo de hacer feliz a tu pareja. Estas pueden ser cosas que sabes que tu pareja necesita o quiere. Estos dos actos de servicio deben ser cosas que normalmente no haces. Deben estar fuera de lo común, de la nada, cosas que puedan sorprenderla (de una buena manera). Estos son puros actos de servicio. No tienes que disfrutarlos. Sólo hazlos.
* **Dejar los malos hábitos / comenzar buenos hábitos.** Se requieren aproximadamente 30 días para dejar los viejos, malos hábitos y comenzar nuevos,

buenos hábitos. Sé consciente de cómo interactúas con tu pareja en situaciones problemáticas. Toma un pedazo de papel y haz tres columnas. En la primera columna, escribe una situación que generalmente se convierte en un problema en tu matrimonio. En la segunda columna, escribe cómo usualmente has manejado la situación. En la tercera columna, escribe una forma en que tú, como servidor, podrías manejar esa situación de manera diferente. Puedes sentarse y escribir muchas situaciones a la vez, o esperar y escribir en tu papel a medida que surjan las situaciones. Piensa de nuevo en maneras buenas y saludables de servir, incluso si tu pareja no merece tu amabilidad.

NUNCA permitas que tu pareja vea esta hoja de trabajo. Puedes sentir la tentación de usarlo para mostrar cuánto estás haciendo y lo poco que tu pareja está haciendo por el matrimonio. No hagas esto. Mantén esta hoja de trabajo en secreto.

Los Segundos 30 Días

* Ahora que has practicado formas alternativas de manejar situaciones difíciles, pasa los siguientes 30 días de este desafío agregando más y más actos de servicio para tu pareja. Sigue esforzándote. Cuando los 60 días

La Situación Problemática	Lo que suelo hacer
Él deja un vaso en la mesa y no se lo lleva a la cocina cuando termina.	Enojarme, a veces grito, en ocasiones trato de culparlo hasta que lleve su vaso a la cocina.
Hago algo tonto y ella solo se sienta en el sofá por el resto de la noche sin hablarme.	Normalmente voy a la sala de computadoras y navego toda la noche hasta que estoy cansado.
Él quiere dejar una fiesta en la casa de mi amigo y yo quiero quedarme. Él se va y se enoja.	Lo ignoro, y le presento excusas como: "Oh, solo está cansado" y "Oh, está siendo un tarado. Ignóralo."

Lo que un servidor haría

Le preguntaré amablemente. Luego, tal vez termino
haciéndolo yo.
"Me encargaré de eso, cariño". Luego le doy un beso.

Tal vez voy a caminar detrás de ella y empiece a mover los
hombros, y diga: "Lo siento por lo que hice". Luego, solo siga
moviéndolos por un rato.

Podemos ira a un lugar para que hablar en privado. Le
pregunto si realmente se quiere ir. Tal vez le pregunte si
podemos quedarnos un poco más. Acordaremos en una hora
para irnos. Luego, nos iremos a la hora acordada.

de desafío hayan terminado, servir a tu pareja debería ser algo natural para ti. Recuerda, estás haciendo esto con el único propósito de hacer feliz a tu pareja y no esperar nada a cambio. Encontrarás que eres más feliz y más sano. Y te darás cuenta de que tu pareja se está volviendo menos irritante. Es una situación donde todos salen ganando.

¿Cuál es el Legado Que Le Dejarás A Tus Hijos?

EL ÉXITO O FRACASO DE SU PROPIO MATRIMONIO depende de lo duro que ustedes trabajen. ¿Qué tal un poco de motivación? Sus hijos están mirando. Sus nietos están mirando. Y están creando una expectativa y una perspectiva para sus propios matrimonios basados en lo que ven en ustedes. Este es el mismo fenómeno que influye en sus decisiones sobre con quién casarse. Los niños generalmente se casan con alguien muy parecido a sus madres y las niñas generalmente se casan con alguien muy parecido a sus padres. Se trata de proximidad e influencia. Sus hijos, a medida que crecieron o crecen, están siendo influenciados constantemente por su matrimonio. Están en su casa. Se ven obligados a ver cómo ocurre el matrimonio. Bien o mal, se sienten cómodos con su matrimonio. Se vuelve normal, al menos para ellos. Luego, cuando se vayan de casa y encuentren una pareja de matrimonio, trabajarán para tener un matrimonio como el que tienen como modelo delante de ellos. Esa es una gran responsabilidad para ustedes.

Entonces, ¿cómo será tu legado? ¿Será una experiencia positiva que influirá en las generaciones venideras, o será una experiencia negativa que podría causar estragos en las generaciones? Considere lo que escribió el Dr. Tim Clinton en su libro Antes de Un Mal Adiós ("Before a Bad Goodbye". Nashville TN: Word Publishing, 1999, p. 44-45):

"Solo cinco de cada cien cónyuges entrevistados en un importante estudio matrimonial deseaban un matrimonio como el de sus padres. Solo cinco. ¿Por qué? Se dieron varias razones, pero en última instancia creo que es porque sus hijos están mirando. Puedes pensar que estás ocultando la angustia producida por tu incapacidad para conectarte y amar, pero te estás engañando. Lo escuchan en cada palabra entre sí y lo ven en su falta de contacto. Se carga el aire. Créeme, no puedes no comunicarte.

Tus palabras y acciones son poderosas, y sus hijos las observan e interpretan, a menudo con precisión. Saben, debido a la forma en la que piensan acerca de los demás, que su mundo es vulnerable y puede desmoronarse en cualquier momento. Esta sensación de temporalidad puede crear en ellos el mismo nivel de angustia y dolor que tú estás atravesando, tal vez incluso más. Y están mucho menos preparados para lidiar con esto. Por lo tanto, tendrán que lidiar con esto durante mucho tiempo".

Las experiencias posteriores influyen en los legados

Un legado es lo que dejas a tus hijos. Se basa principalmente en lo que sucede al final. Aunque sus hijos recordarán las cosas que sucedieron durante todo su matrimonio, los últimos eventos a menudo colorearán todo lo demás.

Por ejemplo, una pareja con un gran matrimonio la mayor parte de sus vidas puede darles a sus hijos recuerdos sorprendentes y positivos que les ayudará a tener sus propios matrimonios. Pero ¿y si esta misma pareja se divorcia después de 30 años de matrimonio? Los niños tratan de dar sentido a lo que hicieron los padres. Las historias feas de enojo, desconfianza y ausencia de amor brotan con un discurso lleno de odio. Esos últimos eventos ahora oscurecerán los buenos tiempos que sucedieron al principio del matrimonio. La pareja dejará un legado de promesas rotas y amor roto.

Lo contrario también puede ser cierto. Una pareja con un matrimonio rocoso les dará a sus hijos recuerdos negativos sobre los cuales construirán sus propios matrimonios. Pero, ¿y si después de que los niños crecen y se van de casa, la pareja decide hacer que su matrimonio funcione? Ellos le dan la vuelta a todo. El perdón, la confianza y el amor llenan sus vidas. Viajan para ver a cada uno de sus hijos para explicar el cambio y pedir perdón por los recuerdos negativos que inculcaron en sus hijos. Esta pareja dejará un legado de relaciones enmendadas y amor mejorado.

¡Tus hijos te están mirando, ahora mismo, hoy! No

importa en qué estado se encuentre tu matrimonio actualmente, tú puedes, debes trabajar para dejar un legado positivo a tus hijos y a todos los pequeños que vienen después de ellos.

Rediseñando su legado

Lo mejor que cualquier pareja puede hacer por sus hijos es tener un gran matrimonio. Les dará seguridad, esperanza y una gran perspectiva para su propio matrimonio. Mientras trabajas en tu legado, al trabajar en tu matrimonio, considera estos marcadores de legado como un regalo para sus hijos.

Marcador del Legado #1:
El Modelo General de Matrimonio

El modelo general de matrimonio tiene que ver principalmente con la cantidad de años de su matrimonio. ¡Permanezcan juntos! De esta manera, sus hijos tienen un modelo de cómo se supone que se verá el matrimonio en cada aniversario.

Si se divorcian, sus hijos también recibirán ese modelo en sus vidas. Estadísticamente, los hijos de padres divorciados son más propensos que otros niños a experimentar el divorcio en sus propios matrimonios. Según el investigador Nicholas H. Wolfinger (Entendiendo el ciclo de divorcio: los hijos del divorcio en sus propios matrimonios, Cambridge

University Press, 2005), las parejas tienen casi el doble de probabilidades de divorciarse si uno de ellos crece con padres divorciados. Si ambos cónyuges crecen con padres divorciados, tienen tres veces más probabilidades de divorciarse. Los modelos de matrimonio y divorcio son influencias muy poderosas en los niños.

Bill y Jane acudieron para recibir consejería a causa de sospechas y problemas de confianza, según ellos. Esta pareja había estado casada durante casi diez años. Su tercer hijo acababa de entrar al jardín infantil. Bill era un vendedor de seguros. Jane, una ama de casa, que hasta ese momento, nunca había trabajado fuera de la casa. Ella encontró un trabajo como secretaria de la iglesia a la que asistían. Se entregó al trabajo para demostrar que era una buena trabajadora. Y ella lo era. Bill pensó que Jane estaba gastando demasiado tiempo y energía en su trabajo y no lo suficiente en su familia y su matrimonio. Ella salía del trabajo lo suficientemente temprano para recoger a los niños de la escuela, pero pasaría mucho tiempo durante el resto del día hablando por teléfono en asuntos relacionados con el trabajo. "Ella ya no parece preocuparse por nosotros". Jane respondió con "Creo que Bill está teniendo una aventura. Y si no es un romance completo, se está acercando". A medida que avanzábamos, descubrí que las sospechas de Jane no estaban basadas en hechos reales, sino en sospechas.

Finalmente, les pregunté a Bill y Jane sobre matrimonios anteriores, de los cuales no hubo ninguno, y los matrimonios de sus padres. Los padres de Bill seguían juntos después de 40 años. Los padres de Jane se habían divorciado después de 10 años de matrimonio. Le pregunté a Jane si podía recordar por qué se habían divorciado. Ella dijo: "Mi papá era vendedor de seguros y viajaba a menudo. Tenía mujeres en casi todas las ciudades. Mi mamá fingió que no estaba sucediendo. Cuando mi papá finalmente se fue, mi mamá no tenía dinero ni trabajo. Fue el peor momento de nuestras vidas. No voy a dejar que eso me pase a mí y a mis hijos". A medida que avanzábamos en la asesoría, descubrimos que Jane estaba teniendo episodios de pánico basados en el modelo de matrimonio que proporcionaron sus padres. Hasta ese momento su propio matrimonio reflejaba el de sus padres. Y sus padres no habían proporcionado ningún modelo de cómo se suponía que sería el matrimonio después de 10 años.

En consejería, a Bill y Jane se les enseñó a sentarse y compartir inquietudes profundas, resolver problemas y resolver pequeños conflictos a medida que surgían. Volver a centrar su atención en su propio matrimonio y no preocuparse por el matrimonio de sus padres ayudó a unir a la pareja. Siguen juntos, celebrando 25 años de matrimonio. Qué gran modelo para sus hijos. En mi propia vida, estoy agradecido por mis propios padres que han modelado el matrimonio frente a mí. Este año, en junio, Bob y Beverly Whiddon celebrarán 57 años de matrimonio. Mis padres han pasado por los altibajos comunes en el matrimonio. Pero se han mantenido juntos sin importar lo que se les haya atravesado. Este es mi modelo de matrimonio.

Los padres de mi esposa también nos han proporcionado un maravilloso modelo de matrimonio. A través de sus propios altibajos, John y Mildred Haney celebrarán 56 años de matrimonio en julio.

Sus hijos necesitan un modelo de cómo se ve el matrimonio después de 10, 20 y 30 años. Necesitan ver cómo se ve el matrimonio después de que sus propios hijos crecen y salen de casa. ¡Permanezcan juntos! Sus hijos serán bendecidos.

Marcador del Legado #2: El Modelo Saludable del Matrimonio

Tener un matrimonio duradero influye naturalmente en los que te rodean. El sentimiento general es: "Me gustaría tener un matrimonio como ellos" o "Bueno, si ellos pueden hacerlo, ¡cualquiera puede!". Pero sus hijos necesitan algo más que solamente tiempo. Necesitan ver un matrimonio saludable en acción. Modelen esto delante de ellos. Hagan que vean de qué se trata el matrimonio, cuán maravilloso puede ser y cómo los matrimonios saludables continúan creciendo a medida que pasan los años.

Lo primero que debe hacer es volver al capítulo 4 de este libro y revisar la información sobre cómo se mira un matrimonio saludable. Usen esta información como una lista de verificación, marcándola solo cuando encuentren o inculquen estos rasgos saludables en su propio matrimonio.

Hay cuatro cosas principales que deben ser obligatorias en todas las parejas casadas, las cuales se deben hacer, practicar o actuar frente a los hijos. Consideren lo siguiente:

Practiquen la resolución de conflictos. Cada pareja casada tiene argumentos. Es un hecho de la vida que cuando dos seres humanos se juntan en algún tipo de matrimonio, amistad u otra relación, eventualmente se sacarán de sus casillas. Los niños saben que esto sucede. Se estremecen cuando sucede. Pero, ¿alguna vez pueden ver a sus padres resolver conflictos de manera saludable? Sus peleas influyen negativamente en ellos. Pero ustedes pueden negar los aspectos negativos al saturar a su familia con comportamientos matrimoniales positivos.

Los niños no necesitan ser testigos de sus discusiones sobre temas delicados. Asegúrense de que la resolución de conflictos conyugales se lleve a cabo en un ámbito privado. Pero si los niños estaban allí cuando surgió el conflicto y estalló, asegúrense de ir a ver a sus hijos después y decirles que ya ustedes lograron resolver el problema. Digan algo apropiado para la edad de ellos, como: "Mamá y papá estuvieron enojados el uno con el otro la noche anterior. Lamentamos que hayan tenido que vernos así. Pero ya conversamos y arreglamos el problema. Y ahora ya no estamos enojados". Permitan que sus hijos los vean como padres humildes y amorosos que están dispuestos a resolver conflictos a medida que surjan. Incluso pueden descubrir que sus hijos los alentarán cuando ustedes discutan: "Mamá, papá, deben ir a la habitación de atrás y arreglar su discusión". La disposición para resolver conflictos influirá en sus hijos cuando se casen y tengan sus propios conflictos

Practiquen el Honor. Mi definición de honor es la forma en la que el marido y la mujer se tratan en público. Las parejas deben levantarse y jactarse de sus parejas. Haz esto por el bien de tus hijos. Cuéntales lo maravilloso que es su madre o su padre. Cuando la niña dice algo como: "Mamá está enojada conmigo y no me deja salir", debes decir: "Tu madre te quiere mucho. Ella tiene una buena razón por la que no te dejará salir". O, acerca del padre que castiga al adolescente sin asistir a una fiesta cuestionable, di: "Tu padre es un hombre muy inteligente. Cuando dejes de estar enojado, ¿por qué no vas y ves si puedes hablar con él acerca de la razón por la que no te permite ir a esa fiesta?"

Nunca permitan que sus hijos digan cosas negativas sobre su cónyuge. Siempre vayan a la defensa de su pareja. Muestren un frente unido con cualquier decisión que afecte a los niños. No dejen que sus hijos jueguen a poner a uno de ustedes contra el otro. "¡No me dejarán salir porque PAPI no quiere que vaya!" Tu respuesta: "Oh, no, NOSOTROS lo decidimos, tu padre y yo decidimos que no queremos que salgas". Practiquen el honor en la casa. Sus hijos adoptarán esto y serán mejores. Sus hijos tratarán a sus parejas de la forma que ven que ustedes se tratan.

Practiquen el Servicio. Todo lo relacionado con el matrimonio equivale a la servidumbre. El matrimonio fue el modelo de relaciones interactivas que Dios le dio al mundo antes que cualquier otra institución. De hecho, el matrimonio es el modelo para la salvación. ¿Por qué? Esa es la pregunta. ¿Por qué Dios envió a su Hijo a morir para que pudiéramos vivir? Porque somos su novia de bodas. Está todo a lo largo de la Biblia. El gran Dios y esposo es visto como sirviendo a su esposa. El servicio es lo que se exige, y es el servicio lo que funciona.

Aquí hay una breve historia bíblica. Había una mujer llamada Abigail que estaba casada con este necio llamado "Insensato" (I Samuel 25). Bueno, su nombre era Nabal, pero significa "necio". ¿Por qué una madre llamaría a su hijo así? ¡Quién sabe! Bueno, parecía que el rey David quería pasar por la propiedad de Nabal un día y lo envió a pedir permiso. El rey no necesitaba permiso, pero era un rey servidor. Nabal dijo algo como: "No eres bienvenido aquí, Tú que pretendes ser un rey". David estaba comprensiblemente enojado. Y como era el patrón del Antiguo Testamento, David decidió matar a Nabal, a su familia, a sus rebaños, a sus cultivos, y todo lo demás que le pertenecía. Abigail intervino por su marido. Ella le envió regalos a David y luego se fue a postrar ante el rey. Ella dijo algo como: "Mi esposo es un insensato, probablemente es por eso que su mamá lo llamó necio. Pero ... él es mi marido. Por favor, perdónenle la vida." Abigail es considerada una de las mujeres más hermosas de la Biblia porque puso todas sus energías en proteger a su esposo.

¡El servicio funciona! Es lo que te hace hermosa. Practica la servidumbre en tu hogar.

Practiquen el Besuquearse. ¿Recuerdan cuando no podías mantener sus labios alejados el uno del otro? Hicieron que todos se enfermaran al besarse en público, en privado, cuando y donde quisieran. Necesitan retomar este hábito de nuevo. Si no pueden besar, hay algún mal sentimiento en sus vidas que no han resuelto. Y la falta de besos puede enviar una señal a sus hijos de que ya no están tan enamorados como solían estarlo. Así que, besuquéense mucho delante de sus hijos. Les dará mucho asco a ellos. Pero los hará muy felices a ustedes y les proporcionará seguridad en su propio hogar.

Esto es lo que hacen. Asegúrense de besarse frente a tus hijos al menos una vez al día. Ellos dirán "Uuuu, asqueroso". Eso solo significa que lo están haciendo bien. Y si alguna vez dicen: "¡Consigan una habitación!" y ellos saben lo que eso significa, entonces realmente denle más asco tomándose de la mano y marchando hacia el dormitorio.

Sus hijos necesitan ver un matrimonio saludable modelado en su presencia. Pasen tiempo cuidando las necesidades de sus hijos en esta área. Los beneficios para su matrimonio aumentarán dramáticamente.

Marcador del Legado #3:
El Campeón del Matrimonio

Un campeón del matrimonio es aquel que eleva constantemente el matrimonio como el mejor estilo de vida. El campeón celebra su propio matrimonio y los hitos matrimoniales de otros. Especialmente cuando sus hijos se casan, celebren cada aniversario con ellos por medio de tarjetas, llamadas telefónicas, cualquier cosa que les diga que están orgullosos de ellos. Presuman a sus hijos sobre las otras parejas casadas que conocen y lo bien que les va. Cuando alguien celebra un 25° o 50° aniversario, permitan que sus hijos compartan las tarjetas o los regalos que le dan a esas hermosas parejas. Díganles a sus hijos que tienen que organizarle a ustedes una fiesta en su 25° y 50° aniversario. Nosotros hicimos eso.

Nuestros hijos sabían que tenían que hacernos una fiesta número 25 o aniversario de bodas de plata. Les recordábamos a menudo. También les dijimos que tenían que cambiar nuestros pañales cuando lleguemos a ser demasiado viejos para cuidarnos a nosotros mismos. Pero esa es otra historia. Dos o tres años antes de los 25, dejamos de hablar sobre la fiesta que se suponía que debían organizar para nosotros. Sabíamos que nuestros dos hijos mayores todavía estarían en la escuela secundaria, probablemente no ganarían dinero en absoluto, y nuestros más pequeños todavía estarían en la escuela primaria. Nos resignamos a tener una fiesta muy pequeña. Pero una noche, después de los servicios vespertinos en nuestra iglesia, nos dijeron que debíamos ir a la sala de comunión porque "algo había sucedido". Nerviosamente, nos fuimos. Cuando entramos en la sala, muchos de nuestros amigos gritaron "¡Sorpresa!" Resulta que nuestros hijos invitaron a la mayor cantidad de nuestros amigos que pudieron, y pidieron a todos los asistentes que aportaran para el refrigerio. Nunca estuvimos más orgullosos de nuestros hijos. Estoy deseando que llegue nuestro 50°.

Hoy, mi hija celebrará pronto su primer aniversario de bodas y mi hijo celebrará pronto su séptimo. Aunque ambos viven lejos de nosotros, enviaremos una tarjeta y haremos una llamada para ayudarles a celebrar estos logros tempraneros.

Marcador del Legado #4:
El "Muro de la Fama" Virtual

En la portada de nuestro boletín mensual tenemos un "Muro de la Fama" en el que escribimos los nombres y aniversarios de los que celebran su matrimonio ese mes. Por lo general, amigos o familiares enviarán una donación a nuestra organización sin fines de lucro en su honor. Durante ese mes, varios miles de nuestros lectores sabrán de esas parejas especiales y cuántos años han estado juntos. Es asombroso.

Hagan un "muro de la fama" virtual para sus hijos. Cuéntenles constantemente sobre los aniversarios de parejas conocidas, especialmente los aniversarios 25 y 50. Recorten artículos de periódico o revistas que celebren y honren el matrimonio. Envíen historias a sus hijos de parejas que lucharon, pero lo lograron, a través de circunstancias difíciles. Motívenlos a ver películas que honran el matrimonio. Permitan que vean que cualquier pareja puede superar cualquier mala situación en la vida. Su "Muro de la Fama" puede actuar como un catalizador para evitar que sus hijos se vayan cuando sus propios matrimonios sufren un poco.

Marcador del Legado #5: "La Historia de Nuestro Matrimonio"

Creo que todas las parejas deberían escribir su legado para sus hijos. Para aquellas parejas casadas más jóvenes, escriban el tipo de legado que desea dejar para sus hijos. Luego, asegúrense que están practicando un matrimonio saludable frente a ellos. Para aquellas parejas casadas mayores, comiencen a acumular historias de su matrimonio que ayudarán a sus hijos. Aquí hay algunas sugerencias sobre lo que pueden incluir:

- ¿Qué fue tan especial acerca de la pareja con la que elegiste vivir el resto de tu vida?
- ¿Cuáles fueron algunos de los bellos momentos al principio de tu matrimonio?

- ¿Cuáles fueron algunas de las dificultades que superaron que los acercó más?
- ¿Cuán bendecido fue su matrimonio cuando cada hijo llegó a este mundo?
- ¿Cuál fue la situación más difícil que tuvieron que superar?
- ¿Cuándo supiste con seguridad que tu matrimonio duraría durante todo el tiempo de sus vidas?
- MÁS MÁS MÁS

Escriban este documento para que sus hijos se beneficien de su matrimonio en los próximos años. Dénselo temprano o déjenlo en su testimonio legal. Este podría ser uno de los mejores regalos que pueden dar a sus hijos. Piensen mucho en esto. Luego, dejen que el amor fluya desde su corazón, a través de la pluma, sobre el papel y hacia los corazones de sus hijos. Tu legado será una bendición para todos los que lo lean.

Acerca del Autor

El Dr. Bob Whiddon, Jr. es el fundador y director de Servicios
Para Matrimonio y Consejería de Love Pointe (Love Pointe
Marriage and Counseling Services) en Vancouver, Washington.
También es el fundador y director ejecutivo del Instituto del
Noroeste para Matrimonios (Northwest Marriage Institute),
también en Vancouver, Washington.
Este libro es la culminación de 30 años de experiencia en el
ministerio y consejería. También refleja sus exitosos talleres de
"Construyendo Matrimonios Saludables" que han ayudado a
cientos de parejas casadas.

www.ingramcontent.com/pod-product-compliance
Lightning Source LLC
Chambersburg PA
CBHW031545040426
42452CB00006B/185